AF186832

Marianne E. Meyer
Sad News oder die ganz andere Apokalypse
Wasserkristallfoto-Botschaften

Produktion und Herausgabe
BoD - Books on Demand, Norderstedt
ISBN 978-3-746094229

Autorin und Verlag übernehmen keinerlei Haftung für Schäden irgendeiner Art, die direkt oder indirekt aus der Anwendung oder Verwendung der Angaben in diesem Werk entstehen.

Einige weitere Bücher von M. E. Meyer:
Über den Tod hinaus
Familien Code – Der Tod ist keinesfalls das Ende
Wasser verbindet die Welten
Zugvögel auf Rädern II - Fit und froh in Marokko 2015
Spirulina, Überlebensnahrung für ein neues Zeitalter
Psyllium - So bekommen Sie Ihr Fett weg
Wunderwesen Wasser: Clusterwasser stoppt Allergie, Alzheimer, Krebs ...
Spirulina, das blaugrüne Wunder

Marianne E. Meyer, Apartado 320, P-8801 Tavira

Marianne E. Meyer hat bereits viele Lebensstationen mit dem Fokus auf Selbsthilfe und Heilen durchlaufen und gelernt: Wir sind unsere eigenen besten Lehrer, Heiler und spirituellen Führer. Einst Arzthelferin studierte sie später in Frankfurt Diplompädagogik mit den Schwerpunkten Familientherapie und Gerontologie und danach Ernährungswissenschaft in den USA. Ihre Dissertationsstudie zu Immunabwehr und Spirulina veröffentlichte sie in ihrem Bestseller „Spirulina, das blaugrüne Wunder". Die Autorin lebte 10 Jahre in den USA, danach alternierend in Südhessen, Portugal und Marokko. Zwischenzeitlich arbeitete sie mit verhaltensauffälligen Jugendlichen in Portugal. Inspiriert durch Pioniergeist und leidenschaftlicher Hingabe für das Wohlergehen der Menschen visiert Marianne Meyer das Bewusstmachen dessen an, wer wir wirklich sind.

Umschlaggestaltung,
Satz & Layout: M. Meyer

Bildnachweis
Cover: E. F. Braun
R. Taylor S. 3, E.F. Braun S. 12,15,16,20,21,26,27,35,37-40,47-52,54-58,61-65,67,71,72,74-79,90,92,94,96,98,100; B. Dodge 59, NASA 83, S. Steinmann 119,120

Marianne E. Meyer

Sad News

oder die ganz andere Apokalypse

Wasserkristallfoto-Botschaften

Vom Himmel kommt es.

Zum Himmel steigt es.

Und wieder nieder

Zur Erde muss es.

Ewig wechselnd.

Seele des Menschen,

wie gleichst Du dem Wasser!

Schicksal des Menschen,

wie gleichst Du dem Wind!

(Johann Wolfgang von Goethe)

INHALTSVERZEICHNIS

Vorwort

Die Menschheit scheint vor der größten ihrer jemals begegneten Krisen zu stehen, nämlich die Zerstörung ihrer Umwelt. Neu ist diese betrübliche Nachricht nicht. Doch es verwundert, wie gleichgültig die Menschen ihr gegenüber zu sein scheinen. Der Abwehrmechanismus der Verdrängung wird aber keine Abhilfe schaffen. Es ist vielmehr dringend notwendig, dass wir tief in unsere Seele blicken, um dort nach kollektiven dienlichen Lösungen zu suchen. Dazu ist es unabdingbar, den in unserer Welt vorherrschenden Kult des Materialismus, der Vorurteile und des Begehrens zu transformieren, da andere Dinge auf lange Sicht wichtiger sind. Wir erinnern uns besser daran, dass wir als Gärtner der Erde vorgesehen sind, einem höheren universellen Zweck zu dienen. Erkennen wir also unser wahres Potenzial, das die Welt in einen besseren Ort verwandeln kann, da *wir* darin wirken. Die Botschaft der Wasserkristallfotos ist daher auch eine der Einheit und Liebe, die die Menschen beflügelt, ein Leben voller Herzensgüte und Harmonie zu leben.

Im vergangenen Jahr hat mir mein verstorbener Mann unmissverständlich gezeigt, dass der Tod keinesfalls das Ende ist. Und davon zeugen auch die Wasserkristallfotos, die die Schweizer Wasserkünstler Ernst F. Braun & Sarah Steinmann in Anlehnung an Masaru Emotos Verfahren als *Seelensterne* vom *Himmel geholt* haben.

Vor zehn Jahren veröffentlichte ich das Buch „Wasser-Code geknackt?" In diesem, wie auch in „Wasser verbindet die Welten" und in meinem autobiografischen Roman „Familien-Code" habe ich Ihnen die Wasserkristallfotos als Bildsprache der Seelen vorgestellt. Mein erstes Experiment der mittlerweile etwa ein Dutzend Tests mit informiertem Wasser verblüffte Ernst Braun, da von seinen üblichen 22 gefrorenen Wassertropfen meist nur vier, seltener 8 mikroskopische Fotografien gelingen. Aus dem mit meiner Unterschrift informierten destillierten Wasser gelangen 15 Fotos! Erst später wurde mir der Grund dafür klar: Edmond Dembinski, meine Jugendliebe, den ich vor fast einem halben Jahrhundert der Kunst zuführen durfte, starb als bekannter Maler. Zwei väterliche Freunde, Joachim Gestering und Hellmut Hoffmann, Adolf Meyer, der Onkel meines Mannes und die Mutter meines Freundes, Wanda von Dembinski, waren allesamt begnadete Kunstmaler, die jetzt im Jenseits weilen. Dies mag einer der Gründe sein, weshalb es mir leicht fiel, meine Wasserkristallfotos zu deuten. Aber auch die *Seelensterne,* die Ernst Braun mit dem Wort Geburtstrauma informierte, konnte ich korrekt deuten. Ebenso die von meinen Freunden und Kater Max. Daher meinte Herr Braun, ich könnte doch auch die Wasserkristallfotos seiner Klienten deuten. Doch da kroch mir wieder die Angst durch alle Knochen, nicht gut genug zu sein. Das kennen

Sie ja vielleicht auch, dass Sie sich nicht genug zutrauen. Da aber mein Mann sich plötzlich und unerwartet ins Jenseits verabschiedet und schon mehrfach Verbindung zu mir aufgenommen hat, könnte das mein Selbstvertrauen stärken. Zumal meine noch hellsichtigere Freundin Isabel Bannier-Groß kurz darauf Kontakt zu dem 5 Jahre zuvor verstorbenen Freund meines Mannes hatte, der vor Jahren mein Buch „Spirulina, Wundernahrung der Zukunft" korrekturgelesen hatte. Bolko zeigte ihr mich an einem Tisch sitzend und das Buch SAD NEWS für meine Leser signierend.

Im neuen Versuch habe ich neutrales Wasser mit meiner Unterschrift und dem Foto meines Mannes informiert. Es würde mich freuen, wenn die genialen Kristalle viele Fenster der Erleuchtung öffnen und Sie in völlige Schwingungsresonanz mit ihrem Herzen bringen könnten. Emoto wies nach, dass Wasser auf Schall, Schrift und Sprache reagiert. Beflügelnde Gedanken und aufbauende Musik bilden schöne Kristallstrukturen. Auf Schimpfworte und Heavy Metal zeigen die Wasserkristallfotos entstellte Gebilde. Am besten wir forschen selbst, z. B. mit Körperwasser und beglücken uns und unsere Nächsten mit sanften, liebevollen Worten ergo mit himmlischen Kristallen. Denn:

Jetzt ist die Zeit für die Umsetzung von dem, was in uns lebendig ist.
Das kosmische Erlebnis der Religion ist das stärkste und edelste
Motiv naturwissenschaftlicher Forschung.
Das tiefste und erhabenste Gefühl, dessen wir fähig sind,
ist das Erlebnis des Mystischen.
Aus ihm allein keimt wahre Wissenschaft.
Wem dieses Gefühl fremd ist, wer sich nicht mehr wundern
und in Ehrfurcht verlieren kann, der ist seelisch bereits tot.
Das Wissen darum, dass das Unerforschliche wirklich existiert
und dass es sich als höchste Wahrheit und strahlendste Schönheit
offenbart, von denen wir nur eine dumpfe Ahnung haben können –
dieses Wissen und diese Ahnung sind der Kern aller Religiosität.

(Albert Einstein)

Geht's hier zur Erleuchtung?

Vor zehn Jahren begann ich, Wasserkristallfoto-Versuche mit Ernst F. Braun durchzuführen und mache durch die Deutung der Wasserkristallfotos darauf aufmerksam, dass die geistige Welt sich via Wasser mit uns in Verbindung setzt. Wie ich in einigen meiner Bücher zeige, geschieht dies auch über PC und TV sowie via medialer Maler und Heiler (z. B. Reiki oder Geistchirurgie (www.youtube.com/watch?v=NxBgBKUH4T0). Doch werde ich es wohl nicht mehr erleben, dass diese Erkenntnis die Wissenschaft revolutioniert. Die herrschende Klasse hat kein Interesse an der Wahrheit, denn sie macht frei. Und freie Menschen können weniger ausgebeutet bzw. zur Kasse gebeten werden. Menschen mit Durchblick lassen sich nicht so gut manipulieren. Nichtsdestotrotz bin ich davon überzeugt, dass es dereinst den Menschen bewusst wird, wer wir wirklich sind.

Bereits in meinem Buch *Wasser verbindet die Welten* machte ich auf das Mysterium der Wandelbarkeit und Speicherfähigkeit des Wassers aufmerksam. Inge Schneider, die Chefin des Jupiter Verlags, fand in ihrer Buchbesprechung im *NET-Journal* meine Erkenntnis, dass das Wasser die „Schnittstelle zwischen physischer und metaphysischer Realität" ist, als „besonders ansprechend". Wie gesagt, wurde mir durch die Wasserkristallfotografie-Experimente mit Ernst F. Braun und Sarah Steinmann (www.wasserkristall.ch) klar, dass Bewusstsein alle Dinge initiiert und wer das Wasser informiert. Das Atelier für KUNST und Mystik nennt die Wasserkristalle *Seelensterne.* Oft zeigen sie Marksteine des Lebens, eingeprägte Botschaften von verstorbenen Lieben. Und es ist auch ein Liebesdienst, wenn sie durch jeden einzelnen Wassertropfen mit uns kommunizieren. Aber sie machen nicht nur anhand der Wasserkristallfotografie auf sich aufmerksam. Sie helfen uns auch via Homöopathie, Telepathie, Pendeln und vielen anderen Projekten, die mir vor 35 Jahren auf einer höheren Ebene des Bewusstseins übermittelt wurden. Darüber habe ich in *Familien-Code* berichtet. Diese wenigen Zeilen werden kaum genügen, um Erkenntnisprozesse bei Ihnen in Gang zu setzen. Aber vielleicht helfen die bezaubernden Wasserkristallfotos im Buch. In jedem Fall erfahren wir es alle am Ende unseres jeweiligen Lebens, womit wir uns nach unserem Wandel im Jenseits beschäftigen werden. So sagte ich es auch meinem Vater voraus. Er belächelte meist nur selbstgefällig das Zweite Gesicht seiner Lieben, das sich mütterlicherseits durch alle Generationen zeigt. Ich hatte ihn gebeten, mir dann ein Zeichen zu geben, und das tat er vom ersten Tag seines jenseitigen Lebens an auf eine überaus persönliche Weise, wie ich weiter unten zeigen werde.

Ich wünsche mir, dass uns allen rasch bewusst wird, dass das Weiterleben der Seele, Reinkarnation und Karma kein esoterisches Blabla sind, eher das universale Gesetz von

Ursache und Wirkung, das Paulus so ausdrückt: *Was der Mensch sät, wird er auch ern-ten*. Heute sagen wir: Das Karma schlägt zurück. Demnach gäbe es weder Schuld, die man einem anderen zuschieben kann, noch Zufall oder Glück, sondern Ursache und Wirkung, die viele Jahrhunderte und Verkörperungen auseinanderliegen können. Glück, Pech und Zufall bezeichnen nur das noch nicht erkannte Gesetz. Alles Erleben, jedes Wort und jede Tat, und sei es nur das kleinste Detail, ist in unseren Genen gespeichert. Um genauer zu sein, in der *Junk-DNA*, die 98 % unserer Genome ausmacht.

Bitte bitten Sie mit mir darum, dass sich die Erkenntnis dieser Wahrheit rasch verbrei-tet und sie endlich den Weltfrieden bringen wird. Denn, dass wir uns durch Massenver-nichtungswaffen, zerstörerische Energien und Produktion auf Teufel komm raus den Garaus machen, liegt nicht in unserer wahren Natur.

I. EINFÜHRUNG INS WASSERWESEN

Die Frage nach dem Sinn und Zweck des Lebens gibt uns gelegentlich zu denken. Wer dreht am Rad des großen Getriebes? Vor allem sinnieren wir über den Sinn unserer Existenz. Wir wollen möglichst in einem angenehmen Leben unter Einsatz unserer Talente für das Wohl unserer Gemeinde arbeiten. Als Künstler des Lebens verwandeln wir kraft der Gedanken und unserer Gaben Unsichtbares in Sichtbares. Wenn wir uns öffnen, geben wir günstigen Gelegenheiten Raum. Sie fallen uns dann einfach so zu. Auch von solchen *Zufällen* handelt dieses Buch.

Sofern Sie die Wasserkristallfotos (WKF) des japanischen Forscherteams um Dr. Masaru Emoto bereits bewundern durften, mochten Sie gefragt haben: Was will uns das Wasser sagen? Im vorliegenden Werk werden Sie entdecken, dass die Frage eher lauten sollte: Wer spricht durchs himmlische Nass? Die Antwort mag beglücken oder erschrecken. Wie wohl wäre Ihnen beim Gedanken, wir könnten nach dem Ablegen unserer leiblichen Hülle in der Astralwelt als himmlische Maler weiterwirken? Kinder haben oft noch Kontakt zur geistigen Welt (siehe S. 87). Doch diese seelischen Verbindungen verlieren sich im Laufe ihrer Entwicklung. Wenn nämlich hinübergegangene Verwandte merken, dass sie in der Umwelt des Kindes Verwirrung stiften, beenden sie meist den Kontakt.

Quarks oder Quark

War H_2O für Sie bisher nichts weiter als eine Flüssigkeit zum Zähneputzen? Dann wünsche ich Ihnen viel Freude beim Öffnen dieser Wundertüte. Doch manchem mag die Wasserkunst gar kein Mirakel sein. Die Metamorphose der schönen roten Raupe Weidenbohrer zum unscheinbaren nächtlichen Flattermann könnte durchaus damit konkurrieren. Manch anderer mag folgende Ausführungen dennoch für ausgemachten Quark halten. Doch wer hielt es vor Jahren für möglich, dass die kleinsten Einheiten der Materie Energie sein könnten? Ob Sie aber die Quarks als Mittler zwischen dritter Dimension der Gegenständlichkeit und vierter Dimension der Gedanken und des Geistes bewundern wollen, ist Ihre Sache: Physiker und Mystiker sind sich heute einig: Bewusstsein initiiert alle Dinge. Dennoch scheinen viele mit den vermittelnden Elementen wenig anzufangen wissen. Aber wir wissen aus Erfahrung: Das, was wir heute belächeln, ist morgen Allgemeinwissen. Heute spotten wir über die Menschen im Mittelalter, weil sie glaubten, die Sonne drehe sich um die *Erdscheibe*. Als aber Galilei das kopernikanische System lehrte, wäre er fast der Inquisition zum Opfer gefallen.

13

Die Kleriker werden auch wenig Interesse am Entziffern des Rätsels der Wasserkristallbildung haben. Zumal weder die allgemeine Chemie noch die Physik mit den zur Verfügung stehenden Mitteln die Frage beantworten können: Was ist Wasser? Ein halbes Jahrhundert intensivster Wasserforschung und faszinierender, teils bedeutender Arbeitshypothesen lässt die Frage nach dem Wesen des Wassers unbeantwortet. Warum? Weil die Wissenschaft nicht allumfassend forscht. Beim Suchen nach der Wahrheit scheinen Scheuklappen zu stören: Warum sonst gelten bei der gegenwärtigen rein technischen Betrachtungsweise nur die Gravitationsgesetze und deren Wirkungen? Warum beruft sich die etablierte Wissenschaft auf diese unaufhörlich?

Noch vor einigen Jahren wertete ich das unberechenbare Nass als wunderlichstes Wesen im Weltall: Es bewegt sich, die Schwerkraft überwindend, in alle Richtungen. Fest, flüssig oder gasförmig ist es überall vorhanden. Emoto wies durch seine Wasserkristallfotografie nach: H_2O reagiert auf Schall, Schrift und Sprache. Unser Gehirn besteht zu ca. zwei Drittel aus Wasser. Auch wir moderne Menschen reagieren manchmal noch auf diese feinen, unbewussten Schwingungen. Meine Erfahrungen sagen mir, dass unsere Lieben im Jenseits oft noch Einfluss nehmen wollen, wenn wir außersinnlich wahrnehmen, Vorahnungen haben und ähnliche spirituelle Botschaften empfangen. Zahlreiche Studien mit Befragungen von verwitweten Personen, Medizinern, Polizisten und Feuerwehrleuten bestätigen solche Nachtodkontakte.
https://de.wikipedia.org/wiki/Nachtod-Kontakt

Besonders umfangreich forschten Judy und Bill Guggenheim. Ihre fast 2.000 Befragten schilderten eindrücklich die denkwürdigen Ereignisse ihrer sogenannten Nachtodkommunikation, die die Autoren im Buch *Trost aus dem Jenseits, unerwartete Begegnungen mit Verstorbenen* veröffentlichten.

Auf die Schwingung kommt es an

Peter Groß, der mit seinem Wasseraktivierungsgerät auf der weltgrößten Erfindermesse in Genf 2007 die Goldmedaille ergattern konnte, rief mich an, um mir von seinem Erfolg zu berichten. Ich war bereits einige Jahre im Besitz seiner Erfindung. Auch mailte er mir zwei Wasserkristallfotos von Wasser aus seiner Leitung, das 1. vor, das 2. nachdem es durch seinen Aktivator geflossen war. Die vorm Durchlaufen erstellten Fotos erschienen wie ein heilloses Chaos. Sie zeigten keine Kristallbildung. Nach dem Aktivieren waren alle WKF klar mit schöner Kristallbildung und wirkten getrennt. Erzählen sie die leidige Geschichte des angeblich seines Genies ausgebeuteten Ingenieurs? Es wird ihn nun nicht mehr erregen. Peter Groß verließ seine leibliche Hülle am 11. Sept. 2017, genau sieben Monate nach meinem Mann. Heute werden die originalen Groß-Geräte nur noch unter dem Namen Aqua-Lyros bei aqua-lyros.de verkauft.

Ich fragte den genialen Ingenieur, wer die gefrorenen Wassertropfen mikroskopisch fotografierte und er gab mir Ernst Brauns Telefonnummer. Ich rief den Wasserkünstler gleich in der Schweiz an. Nach einem einstündigen anregenden Gespräch bot Ernst F. Braun mir an, durch meine Unterschrift neutrales Wasser zu informieren und eine Reihe von *Seelensternen* für mich scheinen zu lassen. Siehe Seite 20 ff.

Wir lernen immer mehr über bewusste und unbewusste Schwingungen. Alles Vorhandene ist beseelt und schwingt. Unbewusst kommunizieren wir alle miteinander, auch

mit Tieren und Pflanzen. Letztere spüren, wenn an Nachbargewächsen Blätter abgeschnitten werden. Die Seelenenergie soll sogar zwischen Pflanzen und Tieren wirken. In einer Studie wurde ein Messgerät an eine Pflanze angeschlossen. Als neben ihr lebende Taschenkrebse in einen Topf mit kochendem Wasser geworfen wurden, zeigte

sie Erregungen im Zellensystem an. Auch die Anwendung der Fliegenklatsche hat eine Folgewirkung: Viele Fliegen finden sich zum Trauern ein. Alle leiden, wenn einem Mitglied der Gemeinschaft etwas zustößt. Auch wir kommunizieren unbewusst über unser *seelisches Radarnetz* mit unseren Mitmenschen. In diesem Seelenfeld wirken die Schwingungen. Faraday prägte den Begriff *Feld* und sprach vom *elektromagnetischen* Feld. Sheldrake betrachtet *morphogenetische Felder* als ein kollektives Astralgedächtnis von nicht physikalischer Natur. Seiner Ansicht nach steht ein Feldmuster hinter jeder erstmals gebildeten Struktur, sei es ein Gedanke, eine Tat oder ein materielles Objekt. Je öfter sich diese Struktur bildet, desto stärker ist die *morphische Resonanz.* Sheldrake vermutet: Nicht nur der genetische Code legt Vererbung fest. Auch Erfahrungen und Erlebnisse können an zukünftige Generationen weitergegeben werden. Krankheiten, z. B. ein Dickdarmtumor, können somit familiär bedingt sein. Erkennt man den damaligen Auslöser und löst den Erstkonflikt, hat das Vorteile für spätere Generationen. Wird etwa ein junger Mann durch einen Unfall aus dem Leben gerissen, können Familienangehörige Probleme haben, den tragischen Tod ihres Sohnes, Bruders oder Vaters zu überwinden. Sie können es *nicht verdauen*. Es haftet im *morphischen Gedächtnis*. Diese Feldresonanz hilft manchen Tierarten dabei, Umweltveränderungen global umzusetzen. So verletzten sich Pferde weltweit nicht mehr an Stacheldrahtzäunen, seitdem sie sich in manchen Ländern daran gewöhnt haben (Sheldrake 1993).

Ob elektromagnetisch oder morphogenetisch, wer sich mit Haustieren umgibt, kann die unbewusst wirkende Seelenenergie zwischen Mensch und Tier erleben. Tappte Kater Carlo zum Flur und setzte sich neben die Tür, wussten wir, dass unsere bessere Hälfte wenige Minuten später eintreffen würde. Kater Max kam vor sieben Jahren panisch miauend zur Terrassentür hereingefegt. Heulend hetzte er durch die Gemächer, ganz so als wäre ein Geist hinter ihm her. Tags drauf erfuhren wir: Es war wohl nicht nur eine Redensart: Unsere Vermieterin hatte just zu dieser Zeit im Krankenhaus ihre fleischliche Hülle verlassen. Frau Peters war zeitlebens geradezu darauf versessen, Max mit fetten Leckerbissen zu verwöhnen. Dieser belohnte sie dafür mit seiner putzigen Präsenz. Auch weiß man von einem Hund, der epileptische Anfälle ankündigte: Er machte sich in panischer Weise bemerkbar, noch bevor sein Frauchen das geringste Anzeichen eines Anfalls fühlte. Der durchs TV bekannte Kater Oscar aus Providence, RI, USA spürt den herannahenden Tod von Bewohnern eines Altenheims. Etwa 3 Stunden vorm Hinübergehen der Greise hüpft er aufs Bett und bleibt da, bis sie ihren letzten Atemzug ausgehaucht haben.

Wir leben und entwickeln uns in materiellen und immateriellen Energiefeldern: durch die Energie des Himmels bzw. der kosmischen Kraft und die Energie der Erde, der tellurischen Kraft. Wir alle strahlen eine gewisse Energie aus, die sich dann auf häufig getragene Gegenstände (kristallisierte Materie) überträgt. Psychometriker erfahren durch das Abtasten eines solchen Gegenstandes etwas über den Charakter der Person oder über ihre Erlebnisse. Sie können von Vergangenheit, Gegenwart oder Zukunft handeln. Denn in der geistigen Dimension scheinen sie ein kontinuierlicher Zustand zu sein. Z. B. hielt ich während eines Seminars zur Entwicklung außersinnlicher Wahrnehmung einen Ring in der Hand und spürte Wärme, Kälte und wieder Wärme. Ahnend, dass die Ringbesitzerin etwas mit dem Magen hat, riet ich zu einem Arztbesuch. Sie sagte: „Ich habe schon einen Termin wegen eines Magenleidens."

Das Immaterielle, Unsichtbare ist für viele fremd und bedrohlich. Lassen wir uns leiten, generieren wir lebensfreundliche seelische Schwingungen und mit der Zeit finden wir es weder abgründig noch besorgniserregend. Vielleicht können wir nach dem Training in Teil IV. DIE KRAFT DES KOSMOS NUTZEN mit der Seele bald so umgehen wie mit materieller Energie. Ahnung, Eingebung, Hellsehen und Intuition können förderlich fürs Leben genutzt werden: zum eigenen Wohl, zum Erhalt der Umwelt und zur Freude der Nachfahren.

Auf Samuel Hahnemanns Spuren

Wie ist das mit den Schwingungen im Wasser? H_2O speichert Informationen. Das haben Hahnemanns Experimente eindeutig belegt: verschüttelt, nicht gerührt. Die Universität Leipzig veröffentlichte 2004 eine preisgekrönte Reagenzglasstudie unter dem Titel „In vitro Testung von homöopathischen Verbindungen" in der Zeitschrift *Biologische Medizin*. Die Apothekerin Franziska Schmidt, Prof. Dr. Karen Nieber und Prof. Dr. Wolfgang Süß vom Institut für Pharmazie der Universität Leipzig konnten nachweisen: Lösungen eines Extrakts aus der Tollkirsche (Belladonna) waren selbst dann noch physiologisch wirksam, als sie so weit verdünnt wurden, dass absolut keine Moleküle der Ausgangssubstanz mehr in der Lösung sein konnten. Bedeutsam am Ergebnis mit diesem gegen Krämpfe helfenden Mittel ist: Es korrigiert unser naturwissenschaftliches Weltbild in wesentlichen Teilen. Wem aber die stoffliche Realität mehr am Herzen liegt, als die Bedeutung der Naturphänomene selbst, mag zweifeln. Und jene, die ihre Felle davonschwimmen sehen, verleugnen die Erkenntnisse vehement. Sie hätten nicht auf objektiven Messungen beruht. Gilt nicht: Wer heilt, hat recht? Sie mögen nun fragen: Was ist mit Placebo, dem gefügigen Diener der Zuversicht? Wir wissen ja, dass chemisch wirkungslose Kapseln punktgenaue Prozesse im Körper auslösen: Bei Schmerzpatienten schüttet das Gehirn schon kurz nach der Einnahme Endorphine aus (Ter Riet et al. 1998). Doch nicht nur schmerzstillende Substanzen können nachgewiesen werden. Bei Patienten mit Parkinson regt die Scheinmedikation sogar das Gehirn an, selbst wieder das die koordinierte Bewegung beeinflussende Hormon Dopamin zu bilden. Joachim Faulstich berichtet gar über zwei Experimente mit Scheinoperationen. Beim Ersten wurde einem Teil der Patienten mit Kniebeschwerden eine Arthroskopie durchgeführt. Diese Operation erfordert einen kleinen Schnitt unterhalb der Kniescheibe. Der Operateur kann mit einer via Sonde eingeführten Kamera die Störung erkennen und das Innere des Knies säubern. In der Vergleichsgruppe wurde bei den Patienten lediglich der Schnitt gelegt. Das Ergebnis des medizinischen Befundes zeigte, dass die Heilerfolge in der Gruppe der zum Schein Operierten genauso groß war, wie in der Gruppe der Operierten (2006). Beim zweiten Experiment wurde einer Gruppe von Patienten mit stark verkalkten Herzarterien ein Katheter eingeführt. Bei der Vergleichsgruppe wurde der Eingriff faktisch nur simuliert. Wiederum erzielte die Gruppe mit der

Scheinbehandlung gleich gute Ergebnisse. Kritische Mediziner ziehen zurecht den Schluss, dass viele operative Eingriffe wirkungslos sind.

Lässt sich die beeinflussende Scheinmedizin durch ein Einwirken jener von den Gefilden der Seligen erklären? Mit den Begriffen der materialistischen Wissenschaft jedenfalls nicht! Wird die metaphysische Forschung dereinst nachweisen können, wie bzw. welche Wesen wissen, welche körpereigenen Reaktionen nötig sind, um das gewünschte Ergebnis zu erzielen? Sind es hinübergegangene Heiler, die hier wirken, so wie uns verstorbene Kunstmaler Schwingungsbilder ins Wasser malen? Wäre der Placeboeffekt dann nur eine weitere Variante mit uns kommunizierender Seelen? In der Tiermedizin behandeln Veterinäre erfolgreich mit homöopathischen Hochpotenzen. Z. B. lässt sich eine bestimmte Bösartigkeit beim Hund nur mit einer Dosis *Hyoscyamus C10000* heilen (Wolff 2014). Ist es verwegener, dem Tier zuzugestehen, durch Glauben und Hoffnung die Kräfte der Selbstheilung zu entwickeln oder das Einwirken der geistigen Welt anzunehmen?

Der besondere Vorgang der homöopathischen Zubereitung ist das kräftige Schütteln. Verdünnte Lösungen werden dabei in mehreren Arbeitsschritten immer weiter verdünnt. Dabei nimmt die Materie, z. B. Gold, Phosphor oder Silicium, ab. Eine D30 oder D200 enthält kein Molekül des Urstoffes mehr. Doch die Energie der Arznei wird immer höher getrieben. Die alten Mediziner wussten noch, dass Heilung durch den Geist erfolgt. Denn Medikament heißt wörtlich übersetzt: Medica mente = Heile durch den Geist.

Die unwägbaren Eigenschaften einer Substanz sind die intraatomaren Energien. Jene unheimlichen Kräfte jenseits menschlichen Vorstellungsvermögens wirken durch die homöopathische Zubereitungsweise. Umformungen im Lösungsmittel werden erzeugt, die mit diesen Kernenergien in Beziehung stehen. Eine materielle Arzneisubstanz wird in biologische Energie umgewandelt. Behebt diese homöopathische Potenzierung die biologische Behinderung der Balance, kann die Lebensenergie wieder regulär wirken: Unheil wird wieder heil. Allerdings muss das Arzneimittel auf die Störung abgestimmt sein. Hat es nicht dieselbe Wellenlänge, kann es nicht wirken. Wir können dies mit einem Radio vergleichen, das auf einen bestimmten Sender eingestellt ist. Damit ist auch die Unschädlichkeit bei falscher Mittelwahl erklärt. Bestimmte Symptome müssen als Ausgangslage vorhanden sein. Erst eine Reaktion ermöglicht es, das spezielle Heilmittel unter den vielen herauszufinden. Wenn keine kurzfristige Erstverschlimmerung auftritt, wirkt es nicht.

Der Vorgang des homöopathischen Verschüttelns ist unglaublich uferlos: so als habe Fritzchen einen Fingerhut voll Wasser auf den Azoren in den Atlantik gekippt, kräftig gen Süden gepustet und aus dem Weddellmeer eine Probe entnommen. Dennoch ist das durch die Wirksubstanzen informierte Wasser dieser homöopathischen Mittel in der Lage, die gesundheitsfördernden Informationen an das Wasser in unseren Körperzellen weiterzugeben.

Wie aber wird eine bisher materielle Arzneisubstanz in biologische Energie umgewandelt? Denken Sie nun an Quarks oder halten Sie den Geiststaub für Quark? Wir sind es gewohnt, an unserem gewohnten Denken festzuhalten. Wer mit Energiearbeit vertraut ist, weiß Gefühle zu deuten. Durch die Botschaften der geistigen Welt bzw. des Körpers gewinnen wir Erfahrung. Skeptiker verdrängen gern, was nicht zu deuten ist. Skepsis ist aber nur ein Mangel an Erfahrung: Wie hätten wir vor 100 Jahren auf Radiowellen reagiert? Die Behauptung, durch Knopfdruck Kinderchöre oder Blaskonzerte erklingen lassen zu können, wäre sicher auf Spott gestoßen. Vom Faxen, Fotogesimse und dem Daten- und Nachrichtenaustausch über Computernetze ganz zu schweigen.

Wer speichert Wissen im Wasser?

Masaru Emoto gelang es, mit Wasserkristallfotos die Lichtarbeit voranzutreiben. Die *Seelensterne*, die mir Ernst F. Braun vom Himmel holte, haben in mir ein Lichtermeer erstrahlen lassen. Der Schweizer fotografiert, wie es das Team des Japaners getan hatte, gefrorene Wassertropfen. Meiner metaphysischen Erfahrungen halber hätte mir sofort klar sein können: Wasser ist ein Medium für die andere Welt. Aber wie wird das Nass mit Information gespeichert?

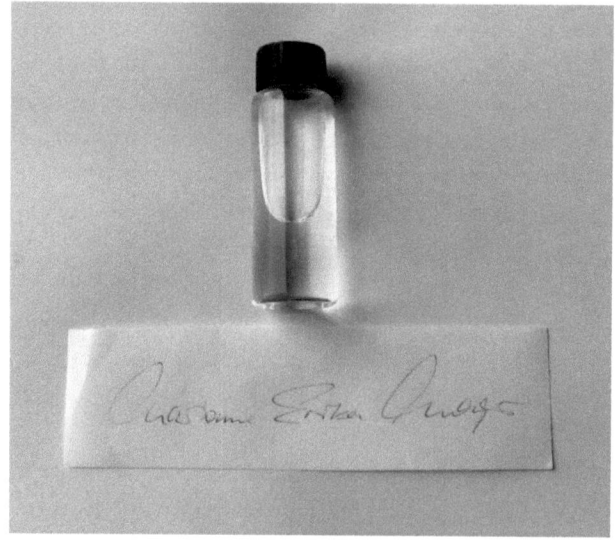

E. Braun befestigte den Zettel mit meiner Unterschrift an einem Gläschen mit destilliertem Wasser. Er füllte 22 Petrischalen mit je einem Tropfen des informierten H_2O und fror diese bei -30 °C ein. Nach wenigen Tagen schickte er mir 15 WKF zu. Zunächst fand ich sie einfach nur schön. Doch bei jedem neuen Blick auf meine *Seelensterne* entdeckte ich neues Altes: Die meisten spiegeln meine Erlebnisse wider!

Was will uns dieses Wasserwunderwerk sagen? Was bzw. wer steckt dahinter? Wegen in persona Botschaften und da ich schon übersinnliche Erfahrungen mit verstorbenen Verwandten und Bekannten hatte, dämmerte mir bald, wer das Wasser informiert: Unsere *Toten*! Das essenzielle Nass scheint ein Medium für Seelen zu sein, was seine Unwägbarkeit erklären würde. Da diese auf einer höheren Schwingungsebene existieren, sehen wir sie nicht, auch wenn sie unentwegt um uns herum sein mögen. Offenbar tischte mir meine Großmutter kein Märchen auf, als sie sagte: Dein Opa im Himmel sieht immer, was du machst. Friedrich Jürgensons Erklärung der Kontaktherstellung mit dem Jenseits in „Sprechfunk mit Verstorbenen" verfestigte meine Vermutung. Doch davon später.

Meine *Seelensterne,* die angenehme Erlebnisse widerspiegelten, bildeten schöne Kristallformen. Die Krisen in meinem Leben kamen als kaum ausgebildete oder geteilte Kristalle zum Vorschein bzw. zeigten ein zerbrochenes Herz. Das obige WKF, das nach einem Dickdarm aussah, fasste ich zuerst als Warnung auf, mal an eine Untersuchung zu denken. Nach drei Wochen Kopfzerbrechen rekelte ich mich im seichten Badewasser, als der Groschen fiel. Das essenzielle Nass leitete, wie einst bei Archimedes: Eureka! Mit einem Mal fiel mir ein, wer der *Maler* des Dickdarmkristalls gewesen sein könnte: Jürgen Frier, der tödlich verunglückte Freund meines Mannes! Denn zwischenzeitlich mussten wir erfahren: Bei seiner Tochter, Peters Schwiegertochter, war bei einer Vorsorgeuntersuchung ein Tumor im Dickdarm diagnostiziert worden. Dieser war in einer geglückten Operation entfernt worden. Ihre Schwester und andere Angehörige litten auch schon an Gewächsen im Kolon. Sie mögen womöglich fragen: Was hat ein fremder Dickdarm in meinem *Seelenstern* zu suchen? Sollten wir darauf aufmerksam gemacht werden: Alles wird gut gehen? Denn dieses WKF zeigt einen schönen Kristall. Benutzte Peters Freund das Medium Wasser, um seine Tochter zu beruhigen oder ihr über den Verlust ihrer Großmutter zu helfen? Letztere verließ während des Klinikaufenthaltes ihrer geliebten Enkelin die körperliche Hülle.

Die „3" mit dem Wort Volumen im oberen Drittel des WKF stellt eine weitere Prophezeiung dar: Wegen Komplikationen waren drei Operationen nötig gewesen.

Erscheint Ihnen der Gedanke an mit uns kommunizierende Seelen grotesk? Dann sehen Sie sich mal den medialen Maler Antonio Gasparetto auf dem Video des folgenden Links an. Er malt in Trance mit Händen und Füßen *Alte Meister.* Besser gesagt, Letztere benutzen ihn als Kanal, um uns zu sagen: Seht, wir existieren noch! Wirken auch die Seelen von Dr. Sauerbruch und Kollegen via Geistoperateure? Oprah stellte einige vor. Wer weiß in wie vielen weiteren Projekten sich die geistige Welt mit uns verbindet.

https://www.youtube.com/watch?v=kHSaImMOHE8

Wie Sie sehen können, malt Antonio in rasender Geschwindigkeit. Dabei nimmt er zielsicher die richtige Farbe aus der Palette oder dem Farbkreidekasten. Nach wenigen Minuten ist ein Modigliani, Rembrandt oder Toulouse-Lautrec fertig. Gasparetto sagt, er stehe in Kontakt zu den Malern und überlasse ihnen seine Hände und Füße. In den Seelensternen wirken zuweilen auch wahre Meister des Kunst malenden Handwerks.

In meinem Buch *ÜBER DEN TOD HINAUS* gab ich einen Link an, der nicht mehr funktioniert. Falls dies mit obigem passiert, fragen Sie einfach die Google Boys und Girls nach *Psychic Painter Gasparetto* oder nach dem *malenden Medium Gasparetto.*

Seele des Menschen, wie gleichst Du dem Wasser!

Goethe hätte sich wohl noch genauer über das Mysterium Wasser auslassen können. Vielleicht wäre der Menschheit viel Kummer erspart geblieben. Doch Genies müssen nicht notwendigerweise Menschen mit Mumm sein. Immerhin hat das Genie Goethe H_2O als ein Medium zum Übermitteln von Botschaften aus dem Äther betrachtet. Wie das genau geht, werden wir wohl erst dereinst wissen, wenn auch wir unsere noch im Fleisch weilenden Lieben kontaktieren wollen. Gedeihlicher wäre es für das Überleben unserer Spezies, wenn wir alle wüssten, dass wir nicht wirklich sterben.

Würden wir damit rechnen, unseren schönen Planeten in anderen Körpern immer wieder bevölkern zu müssen, wären wir sorgsamer im Umgang mit ihm.

Wie können wir uns nun dem allgegenwärtigen Nass nähern? Was wissen wir bisher vom Wasser? Zwei Atome Wasserstoff und ein Atom Sauerstoff bilden ein H_2O-Molekül. Die elektrisch geladenen Teilchen ziehen ihre wahrscheinlichen Bahnen um die Atomkerne. Diese Elektronenbahnen überlagern sich mit denen der anderen und halten das Molekül zusammen. Ebenso wirken die Kraftfelder als Haftmittel zum Verketten der Nachbarmoleküle. So erklärt der Ingenieur Otto Dutschk das Formen der unvergleichlichen *Seelenenergiefelder* des Wassers. Wie es hier zusammen schwingt, oszilliere auch die *Wasserseele* unserer Erde. Und so schwinge die Seele des essenziellen Nasses in unserem Organismus. „Die Wasseratome nehmen durch das Zusammenspiel ihrer Kraftfelder die charakteristische Gestalt, gewissermaßen das Energiefeld der *Seele H_2O* ein. Wir können somit auch andere chemische Formeln und sonstige *Baupläne* in der Natur als gewissermaßen *genormte* Formen von Seelenenergie betrachten". Dutschk zeigt, wie Elektronen in ihren verschiedenen Schwingungsformen Strukturen bilden. Die Seelenenergiefelder sind schon an den Wurzeln des Seins vorhanden und schaffen zahllose alternierende Möglichkeiten zur Vernetzung. So haben sich im Laufe der Naturentfaltung Abermilliarden einzelner Felder von Seelenenergie gebildet. Durch ihr vereint harmonisches miteinander Schwingen formen sie *ein einziges unüberschaubares gesamtes Seelenenergiefeld – den Kosmos (1999, S. 151)*. In diesem unendlichen Pol der elementaren Seele befinden wir uns zeitlebens in Wechselwirkung. Je mehr Gleichschwingen wir zulassen, desto mehr Bewusstsein entfalten wir. Disharmonie blockiert Erkenntniskraft. Harmonie drückt Führung durch den elementaren Willen aus. Nehmen wir die Führung an und folgen seinem Kurs, fühlen wir uns geborgen und strahlen Lebensfreude aus.

Unser Seelenfeld funktioniert wie ein Empfängernetz. Lehnen wir uns etwa im Wald an einen Baum, verbinden sich die Schwingungen des Baumes mit unseren. Wir fühlen uns in der Regel erfrischt. Unser Seelenfeld unterliegt natürlichen Schwankungen in der Feldform, je nachdem, wie wir uns fühlen. Ob wir uns in der Badewanne aalen oder bibbernd durch Eismatsch quälen, ob wir vor Wut schäumen oder uns wie ein Schneekönig freuen. Empfinden ist nichts anderes als Schwingung. Ergo kann es kein ewig gleiches Empfinden geben, sondern nur Wechsel. Denn Wasser wechselt ständig seinen Zustand. Angenehmes und Unangenehmes wechseln unaufhörlich ab.

Können wir diesen Wechsel beeinflussen bzw. unsere Empfindungen steuern? Und ob! Emoto zeigte es. Denken wir an eine angenehme vergangene Situation, etwa an einen unvergesslichen Kuss. Unser Hinwenden zum Empfinden verstärkt seine Schwingungen. Rasch beherrscht es unser Bewusstsein. Fühlen wir, was unsere Sinne wahrnehmen: Geruch, Geschmack, Licht, Farbe ... alle Schwingungen. Nehmen wir diesen Augenblick gezielt sinnlich wahr, ist an diesem Akt der Wahrnehmung nicht nur das Gehirn beteiligt, sondern das gesamte Körpersystem. Dringt jetzt ein Empfinden und Wollen ins Bewusstsein, treten andere Empfindungen zurück. Nun ist der Wille dran, danach der Körper. Wir handeln. Der Körper bzw. das Körperwasser ist ein Erfüllungsorgan bzw. ein Medium für das Verwirklichen des Wechselspiels zwischen Wollen und Fühlen. Babys bestehen zu fast 90 % aus H_2O. Intuitiv verstehen sie alles. Können die Seelen durch höhere Speicherkapazitäten mit ihnen besser kommunizieren?

Unser Leben wäre wohl weniger verwirrend, wenn wir uns mehr auf unsere Gefühle verließen. Ahnten unsere Ahnen, dass Wasser mehr war als ein Element zum Trinken, Zähneputzen und Blumengießen? Könnte es im Bewusstsein der Urmenschen *wesentlich* mehr gewesen sein? Ob es heilig ist oder einfach ein simpler Speicher, darüber können wir streiten. Jedenfalls steht fest: Ohne H_2O gibt es kein Leben.

Viele der folgenden Kristalle zeigen Hexagone, Halbmonde und Schlüssellöcher. Ernst Braun mailte mir einmal einen Kristall, bei dem ein Buddha oben thronte, der von Hexagonen umrahmt war und Halbmond und Schlüsselloch zeigte. Sechsecke symbolisieren die Honigwabe, was auf Stabilität und Verlässlichkeit schließen lässt, also auf traditionell wichtige Werte. Der Halbmond symbolisiert die weibliche, geheimnisvolle Kraft, die intuitiv und nicht rational ist. Auch das Schlüsselloch steht für das Weibliche. Kommen matriarchale Gesellschaften ohne lebensverachtende Praktiken, Herrschaft und Eroberungskriege wieder? Vielleicht haben wir deshalb momentan besonders viele Kriege, weil wir kurz vor dem Wandel zum Zeitalter des Friedens stehen – wie beim Finale eines Feuerwerks. Zumindest deutet die emotional berührende Geste des nordkoreanischen Machthabers Kim darauf hin, der am 27.4.2018 den südkoreanischen Präsidenten Moon an der Hand ins Niemandsland führte.

II. KRISTALLISIERTES BEWUSSTSEIN

Emotos eisige Wunderwerke

Rund 200 Jahre nach Begründung der Homöopathie machte uns Masaru Emoto mit seinen Wasserkristallfotos empfänglich für die Botschaft des essenziellen Elixiers. Jahrelang forschte der japanische Alternativmediziner H_2O mittels Schwingungsmessungen. In Amerika fand er einen Apparat, mit dem man Informationen auf Wasser übertragen kann. Er entwickelte damit ein Heilverfahren. Doch erst durch seine Idee, Wasser zu frieren, um es zu fotografieren, wurde die Welt auf ihn aufmerksam. Die bezaubernden Bilder in seinem Buch *Die Botschaft des Wassers* sprechen Bände: Energie offenbart sich in Eiskristallen durch Wellenbewegung und Schwingung. H_2O reagiert auf Gedanken, Worte, Schriften, Bilder ...

Die wissenschaftliche Welt weiß noch nicht alles über den alles Wissen fassenden, wechselhaften und unberechenbaren Urstoff. Unter Laborbedingungen zeigte sich, dass Versuche, einheitliche Aussagen zu erhalten, scheiterten. Was hält Forscher davon ab, ihr Untersuchungsfeld in den spirituellen Bereich zu verlagern? Es wäre genial, wenn die Botschaften der Wasserkristalle folgenden Kapitels neue Studien initiieren könnten.

Masaru Emoto erhielt beim Versuch, H_2O mit einem Foto von Mutter Teresa zu informieren, ganz unterschiedliche Bilder der fotografierten Eisklümpchen. Dass er das seiner Meinung nach charakteristischste ausgesucht hatte, wurde ihm von Kritikern als subjektive Sicht der Sache angelastet. Warum so viele verschiedene Bilder zum Vorschein kommen, ist mir erst durch Ernst F. Brauns Arbeit klar geworden, wie Sie weiter unten erfahren werden.

Versuche von Masaru Emoto deuten an, dass wir uns vor Elektrosmog schützen können, sofern wir Liebe und Dankbarkeit im Herzen tragen. Denn dann bilden wir in unserem Körperwasser schöne Kristalle. Wie wir Liebe und Dankbarkeit generieren, Wasser strukturieren und unser Immunsystem stärken können, erfahren Sie ausführlich in meinem *Selbsthilfe-Heilbuch für den perfekten Immunschutz* und in *Wunderwesen Wasser.*

Schwingungswerke der Seelen

Von den 15 Bildern, die aus dem mit meiner Unterschrift informierten Wasser entstanden, erkenne ich Szenen aus meinem Leben. Mein Mann ist mehrfach zu sehen, ebenso ein Auge, mein Sternzeichen und die Geburtszahl „7". Im obigen Objekt erkenne ich noch mein handwerkliches Bemühen beim Renovieren unseres Hauses am Rande der *Santa Monica Mountains*. Denn die das Haus darstellende dunkle Kugel befindet sich in passender Position zu Bergen und Pazifik (Schiff). Im folgenden „Auge" erkannte ich erst meinen im Alter von 13 Jahren operierten *Altersstar*. Könnte es auch einen Olivenbaum als Sinnbild für Hoffnung, Frieden, Wohlstand bzw. für Liebe und ein Leben voller Harmonie darstellen? Das Ohmzeichen könnte auf *gutes H_2O* hindeuten, denn je höherohmig desto besser ist das Wasser. Vielleicht soll es auch die Aussage des Wasserforschers Johann Tikale bestätigen, der sagte, hättest du viel gutes Wasser getrunken und darin gebadet, hättest du den Grauen Star nicht bekommen. Hier können Sie die Menge möglicher Deutungen ermessen!

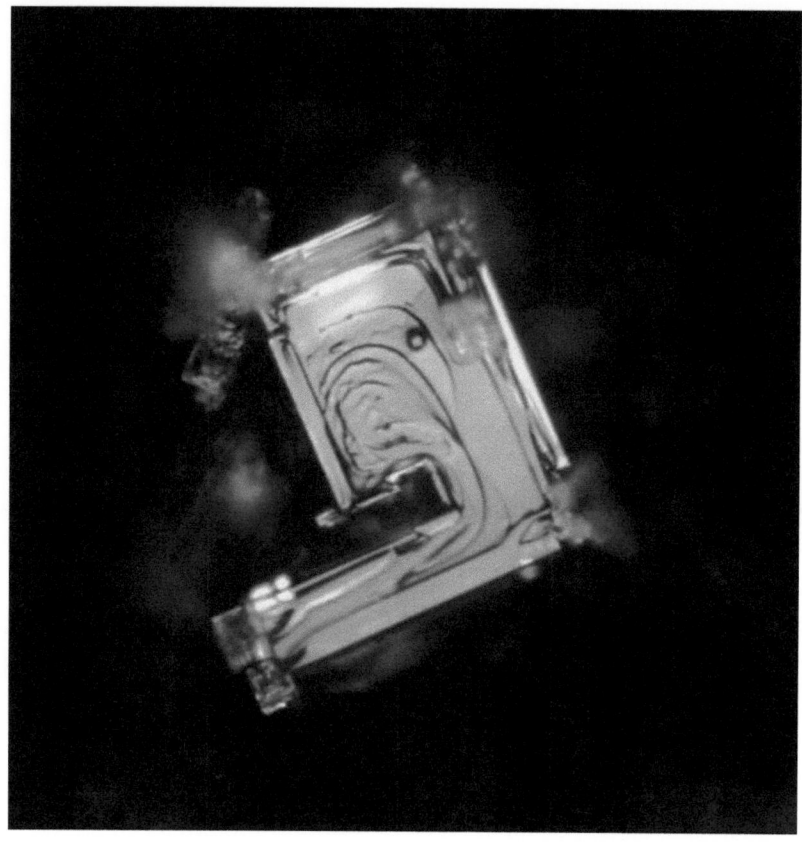

Wie schon erwähnt: Nach dem Studieren meiner *Seelensterne* wähnte ich, dass Wesen einer anderen Welt auf Wasser einwirken. Sie scheinen u. a. anhand der Schwingungen der Schrift Informationen auf H_2O zu übertragen. Ein geheimes Experiment mit Frau Steinmann, bei dem nach dem Verbleib einer bekannten Person gefragt wurde, lässt aber vermuten, dass auch mit Computer geschriebene Namen angebrachte Auskünfte über Personen geben können.

Wie können wir unser Körperwasser strukturieren?

Emotos Wasserkristallfotos lassen erkennen: Durch gute Gedanken, harmonische Musik, erbauliche Literatur und erheiternde Fernsehsendungen können wir unser Körperwasser aktivieren. Mit sanfter Musik und aufbauenden Gedanken können wir auch das Wasser in unserer Nahrung strukturieren. Haben Sie sich schon darüber gewundert, dass Ihnen ein und dieselbe Kost mal prima bekommt, ein andermal aber schwer im

Magen liegt? Die Stimmung bei der Zubereitung macht den Unterschied. So mag auch Emotos Entdeckung kaum erstaunen: Frohe Gedanken und aufbauende Musik, wie Klassisches, Evergreens, Chansons, Gospel oder Volkslieder bilden kristalline Strukturen (Cluster = Haufenbildung der H_2O-Moleküle). Hardrock, Heavy Metal und Songs mit anapästischem Beat zeigen zerstörte Kristalle.

Da wir kontaminiertes Wasser durch positive Einflüsse reinigen können, liegt die Vermutung nahe: Jede Art von Schwingung beeinflusst unser Körperwasser und damit unser Wesen. Wir haben die Wahl, unsere Suppe mit düsterem Denken zu versalzen oder mit schrillen Tönen Disharmonie zu generieren. Andererseits können wir den inneren Saft in eine höhere Schwingung bringen: durch Bachsonaten oder Ohrwürmern von Elvis oder den Beatles. Mit solchen musikalischen Werken balancieren wir unseren Organismus. Somit macht auch das Beten vor Mahlzeiten Sinn. Ebenso wäre es besser, überhaupt nichts zu kochen und zu essen, sofern uns etwas an die Nieren geht oder unser Blut in Wallung bringt.

Lassen Sie Ihre *Seelensterne* als Foto rahmen oder als Diashow über den Monitor schweben. Die wunderschönen Wasserkristallfotos schonen Bildschirm und Nerven. Auch mit der tiefen Bauchatmung können wir unser Nervenkostüm stärken und die Körpersäfte harmonisieren. Nach tiefem Einatmen spannen wir alle Muskeln an und denken an Wünschenswertes und Positives. Sie mögen zu bedenken geben: Lernen wir nicht besonders viel vom sogenannten Negativen? Natürlich können Sie auch den Autopiloten einstellen. Die Seele weiß, was für uns am besten ist.

Was macht uns so einzigartig?

Im Fleisch sammelt unser Bewusstsein eher Erfahrungen als in der geistigen Dimension. Sie werden als Informationen in unserer sogenannten Junk-DNA und in einer Art kosmischen Bibliothek gespeichert. Wir empfinden über jede einzelne vibrierende Zelle bereits im Mutterleib. Wasser nimmt in jeder Körperzelle Informationen auf, speichert sie und gibt sie weiter. Unsere Umgebung, die Menschen, Möbel, Gemälde, Gewächse, jeder Geruch, jedes Geräusch und jedes Gestein wirken auf unser Körperwasser ein. Alter Plunder beschwert und kann zu Beschwerden führen. Ein Gemisch an Geschirr, Geflecht und Gewebe, ganze Galerien von Garderobe oder Berge von Broschüren und Bilder: Das Thema Gerümpel geht uns alle an. Wer hat den enormen Energieschub beim gründlichen Aufräumen nicht schon erlebt? Die durch den Trödel stagnierte Energie kann nach dem Entrümpeln wieder frei fließen. Reinigen wir unsere

Umgebung und unser Körperwasser, kann auch unser Geist rein werden und unser existenzielles Selbst wieder zum Vorschein kommen. Befreien wir uns weiter von Misstrauen und Schuldgefühlen, kann die verschüttete Intuition wieder auftauchen und unsere Individualität wieder lebendig werden.

Wer mal den Fragebogen der klassischen Homöopathie ausgefüllt hat, weiß, wie verschieden wir auf Wind, Feuchtigkeit, Temperatur, Luftdruck, Gewitter u. a. atmosphärische Zustände reagieren: Der eine verträgt heißes Wetter besser, die andere kaltes, trockenes oder nasses. Auch prägt die Gegend, in der wir aufwachsen: Meine *Doktormutter* in Gerontologie Anitra Karsten fühlte sich als Finnin bei trübem Wetter pudelwohl. Mir ist kalter Wind ein Kreuz und trockene 25° ein Segen. Auch beim Warten, Alleinsein, im Dunkeln, vor oder während der Menses und zu bestimmten Tages- bzw. Jahreszeiten fühlen wir uns anders. Wir weinen bei verschiedensten Gelegenheiten: einige bei Musik, andere bei Vorwürfen, wieder andere grundlos. Auch vertragen wir Lebensmittel unterschiedlich. Und wir verändern uns im Laufe unseres Lebens, was Wetterfühligkeit, Geschmack oder Gewohnheiten betrifft. Ziehen wir Emotos Erkenntnisse in Betracht, werden individuelle Imprägnierungen noch vielschichtiger: Wir können uns etwas unter dem Reinigen unseres Körperwassers vorstellen. Es macht Sinn, unsere Sinne zu schärfen. Durch die WKF des Japaners und seiner Nachfolger können wir uns ein Bild machen, wie wir die Kristalle unseres Körperwassers zum Leuchten bringen: etwa durch reines Wasser, Ruhe, Reiki, reine, liebevolle Gedanken, Singen, Beten, Bewegen, Yoga, Lachen, Tanzen, Steine, Bachblüten, Schüssler-Salze …

Wasser als Medium und *Wahrheitsdetektor*

Was wäre, wenn durch Wasserkristalle alle Wahrheit ans Licht käme? Vor Jahren erklärte es Masaru Emoto als Ziel seiner Forschung, überall auf der Welt Wasserkristallbilder zu erzeugen, ohne dass Wasser gefroren werden muss. Es habe bereits der Prototyp eines Gerätes existiert, das an den Computer angeschlossen würde (Zeitgeist 4/2000, S.48). Seither hatte ich jedes neue Werk von Emoto gelesen und wunderte mich, weshalb das Gerät nie erwähnt wurde. Mein Freund Harald Tietze, der Daniel Düsentrieb von *down under,* sagte: So ein Apparat würde die vorherige Arbeit ad absurdum führen. Die Botschaft Emotos sei zwar sehr gut, aber die Methode wissenschaftlich nicht haltbar.

Ich denke allerdings etwas anders über Wissenschaft: Es ist die reflektierte Erfahrung, die Wissen schafft. Wäre es nicht wunderbar, wenn wir die Hilfe der geistigen Welt erwarten könnten: z. B. beim Einkaufen, um für unseren Organismus zuträgliche

Lebensmittel auszuwählen, ähnlich wie beim Pendeln nur genauer. Oder bei der Auswahl von Medikamenten und Therapiearten. Viele machen ja mehr krank als gesund. Oder, um es mit dem britischen Schriftsteller Aldous Huxley zu sagen:

> **Die medizinische Wissenschaft hat in den letzten**
> **Jahrzehnten so ungeheure Fortschritte gemacht,**
> **dass es praktisch keinen gesunden Menschen mehr gibt.**

Der *Wahrheitsdetektor* würde auch weniger wohlwollende Schwingungen eines Gegenübers aufnehmen und durch mangelnde Kristallbildung vor einem engeren Kontakt warnen. Sensitive Menschen spüren es sowieso. Doch selbst sie stoßen mitunter an Grenzen: wenn sie etwa durch Übertragungsphänomene verunsichert ihrem Bauchgefühl bzw. der geistigen Hilfe nicht mehr trauen. Wir lesen oft Erwartungen, Befürchtungen oder Vorstellungen in das Verhalten oder die Eigenschaften einer Person hinein, die ursprünglich einer anderen gegolten haben. Ein WKF-Gerät könnte helfen, wenn uns etwa das Lächeln eines Händlers an einen Menschen erinnert, der uns betrogen hat. Würde es einen Kristall zeigen, wären wir beruhigt. Ein dunkles niederfrequentes Bild könnte uns warnen und unser Misstrauen wecken. Ob sich mit einem WKF-Gerät allerdings alle Fehlentscheidungen vermeiden lassen, wage ich zu bezweifeln. Viele Erfahrungen gehören zum Schicksal bzw. stecken in unseren Genen.

Was(ser) verwebt die Welten?

Wer würde widersprechen, wenn ich sage, in unserer Welt ist nichts, wie es auf den ersten Blick erscheint? Mitunter müssen wir es am eigenen Leib erleben, wie die Wirklichkeit manipuliert wird und wir rücksichtslos ausgespielt werden. Dabei führen uns nicht nur die Medien fröhlich vor. Allgegenwärtig werden Fakten gefälscht und wegweisende Werke unterdrückt. Wir werden knappgehalten und für dumm verkauft. Dabei geht es uns von der Wiege an um den Erwerb größeren Wissens. Wenn wir kleine Kinder beobachten, wird das ganz deutlich. Besonders in Bezug auf den Sinn des Lebens und die Rolle des Menschen im kosmischen Drama scheint man uns aufs Glatteis führen zu wollen. Doch durch Meditation, Schweigen oder Fasten entleert, gelangen wir in eine höhere Schwingung. Auch wenn wir den Wanderstab schwingen, können wir uns dem Kern unseres Wesens nähern. Dabei muss es nicht unbedingt der Jakobsweg sein, der zur Demut führt. Mein Schwager, der vor ein paar Jahren mit seinem Katamaran ganz allein den Südatlantik überquerte, dürfte auch aufnahmebereiter für das Wesentliche gewesen sein. Einsamkeit und Extremsituationen führen uns an die Quelle unseres Seins. Da kann uns so schnell keiner was vormachen. Im Grunde unseres Herzens wissen wir alle, wer wir sind und woher wir kommen. Nur wurden wir mehr oder weniger gezwungen, entsprechend wirksame Abwehrmechanismen auszubilden.

Seitdem wir uns alle im *World Wide Web* vernetzen können, wird es immer schwerer, die Wahrheit zu unterdrücken. Immer mehr Menschen erkennen, dass die physikalische Welt nicht die einzige Realität im Universum ist. Diese Schlussfolgerung hat schon der Physiker und Chemiker Prof. Dr. Milan Rýzl in seinem parapsychologischen Forschungsbericht gezogen: Unsere physikalische Welt der Materie ist nur ein Teil einer von Raum, Zeit und Stofflichkeit unabhängigen *höheren* Welt. Der Mensch lebt nach dem Tod in diesem geistigen Universum höherer Dimensionen weiter. Und zwar als etwas von jener geistigen Entität, die wir *Seele* nennen. Die hier dargelegte Botschaft der *Seelensterne* weist zudem darauf hin, dass diese Seelen der Hinübergegangenen uns via Wasser kontaktieren können.

Einweihung durch eigenes Erleben

Ende der 80er Anfang der 90er Jahre stellte ich bei einer Séance und einem *Channeling* die gleiche Frage an zwei verschiedene medial begabte Personen. In Erwägung, ein großes Werk über verschiedene natürliche Heilverfahren zu schreiben, wollte ich wissen, ob mein Erstlingswerk Erfolg haben würde. Beide Hellseher vermittelten mir dieselbe Botschaft: Sie sähen kein dickes Buch, sondern zehn kleine Bücher. Acht Jahre später war meine metaphysische Hochzeit längst vorüber. Ich dachte gar nicht mehr an die Prophezeiungen, als ich meine ersten drei Werke über Spirulina und die Stärkung des Immunsystems veröffentlichte. Nach weiteren Jahren, während ich meinen Erfahrungsbericht schrieb, fielen mir die Worte der Medien wieder ein: Tatsächlich waren meine ersten zehn Bücher keine Wälzer. Auch die folgenden nicht, obwohl aus den rund 200 Seiten Großformat von *Familien-Code* durchaus ein 400-Seiten-Buch entstehen könnte. Und bei diesem Werk will die Würze auch in der Kürze liegen.

Mein Wunsch wäre es, wenn das Buch Ihnen dabei helfen könnte, ein Gefühl des Einsseins mit Allem zu entwickeln oder zu verstärken. Für unsere Entwicklung bzw. Bewusstwerdung ist es wesentlich, dass wir uns intuitiv mit der Welt der Geistwesen auseinandersetzen. Bisher vollzog sich dieser Austausch etwa über Medien, automatisches Schreiben, Telepathie, Wahrträume, Reiki, Hellsehen und -hören oder Psychometrie. Können wir künftig auch über das neutrale Medium Wasser kommunizieren? Immerhin deuten es die Wasserkristallfotos in diesem Werk an. Noch wenige Menschen meiner Umgebung scheinen sich bewusst zu machen, was da wirklich geschieht und was es für uns bedeuten könnte. Erst kürzlich beim Redigieren des Buches *Der Goldene Pfad* wurde mir klar, dass meine höhere Bestimmung in diesem Leben die Bewusstmachung meiner Mitmenschen ist. Als Lehrer im Lebenswerk habe ich vier Zweier-Linien, die mit der Verbreitung von Wissen zu tun haben, und zwar im göttlichen Willen, in der Bestimmung, der Passion und dem IQ. Zum Verdeutlichen, hier ein Ausschnitt aus dem o. g. Buch:

„Linie 2 – der brillante Verstand – provokativ

Wenn dein IQ durch das 2. Linienthema gebrochen wird, scheint es buchstäblich mit der Schönheit seiner Genialität auf. Dies ist ein Verstand, der immer wieder überrascht, da er immer wieder Quantensprünge vollzieht. Die Brillanz der Zweier-Linie kommt hier in dieser Sphäre voll und ganz zur Geltung. Diese Art von Verstand sind die großen Forschungsreisenden der Mentalebene. Sie führen das menschliche Denken bis an die Grenzen seines Auffassungsvermögens. Dies ist eine Art des Denkens, die sowohl die linksseitige Logik als auch die rechtshemisphärische Vision des Gehirns miteinander kombiniert. Solche Geister scheinen oft ihrem Zeitalter, indem sie leben, weit voraus zu sein. Es sind originelle und schöpferische Geister, die häufig wegweisende Durchbrüche anführen. Sie können in fast allen Bereichen menschlicher Unternehmungen auftauchen, von den Wissenschaften bis hin zu Kunst und Musik. Der Verstand der Zweier-Linie handelt nicht nur vom Denken - sie bringt ein höchst ausdrucksstarkes und schöpferisches Leben mit sich. Dies sind Menschen, die dazu geschaffen sind, im Rampenlicht zu stehen." (Rudd 2018, S. 185)

Wenn Sie auch etwas über Ihre Aufgabe bzw. höhere Bestimmung im gegenwärtigen Leben erfahren wollen, können Sie unter folgendem Link Ihr hologenetisches Profil erhalten. Geben Sie einfach nur Geburtsort, Datum und Uhrzeit ein.

https://teachings.genekeys.com/free-profile/

Sie würden staunen, wie viel Sie über sich selbst erfahren können. Was wäre, wenn wir uns alle auf unseren goldenen Pfad begäben? Wie würde sich dies auf Wissenschaft, Kunst und Religion auswirken? Was würde es mit Machtstrukturen machen? Würde es auch in anderen Bereichen für Transparenz sorgen? Jedenfalls werde ich mich gleich ganz besonders um Klarheit beim Aufzeigen der Wirklichkeit des Wasserwesens bemühen. Wenn wir wissen, wie Energie, Wille und Wellenbewegungen zusammenwirken, werden wir die Bilder besser verstehen können. Manche Tiere und vereinzelte intuitive Menschen können Schwingungen bzw. Energiefelder sogar sehen. In diesem Buch können Sie mit den eigenen Augen all die ausdrucksvollen Abbildungen bestaunen. Vielen sagt nur das etwas, was sie mit eigenen Augen sehen können. Dennoch erfassen wir selbst dann alle etwas anderes. Womit wir wieder wie Paul Watzlawick fragen können: Wie wirklich ist die Wirklichkeit? Entsteht sie erst durch die subjektive Sichtweise und ist demnach niemals als objektiv zu begreifen? Mein Professor in Pädagogik Ernest Jouhy sprach von der doppelten Brechung des Bewusstseins. Sensibilisieren wir das Wahrnehmen der eigenen Wahrnehmung, damit auch die Wissenschaft endlich erkennt: Der Alleinanspruch der oft zitierten Objektivität steht auf wackligem Fundament. Christian Morgenstern drückt es so aus: *Es gibt kein Geheimnis an sich, es gibt nur Uneingeweihte aller Grade.* Was spricht also gegen eine Einweihung durch eigenes Erleben? Als Subjekte sind natürlich alle unsere Sichtweisen subjektiv. Wie sollte es daher einen neutralen Standpunkt also absolute Objektivität geben? Wir sind unvergleichliche Individuen, und wenn wir mehr auf unsere innere Stimme hören, wird uns die Weisheit der Seele weiterführen.

Wie nutzen wir die Weisheit im Unbewussten?

Unbewusstes Wirken ist nichts Ungewöhnliches, selbst wenn es uns zuweilen rätselhaft erscheinen mag. Wer warnt uns bei Begegnungen mit Unbekannten oder im Straßenverkehr? Wir mögen es als Glück wähnen, wenn wir unserer ersten Eingebung folgend den richtigen Weg wählen. Doch was steckt dahinter? Ist es unser unbegrenztes Selbst, das sich bemüht, uns auf dem bestmöglichen und lustvollen Lebenskurs zu halten oder sind es telepathische Bemühungen unserer Lieben im Jenseits? Wie auch immer, viel zu oft übernimmt der Verstand und lenkt uns ab. Vertrauen wir aber auf die Führung der Seele(n), wird zwar nicht immer alles so geschehen, wie wir uns das wünschen: doch stets so, wie es für uns in der jeweiligen Lage richtig und wichtig ist.

Dennoch können wir erfreuliche *Zufälle* selbst generieren. Mit Gedanken und Gefühlen gestalten wir nämlich das Feld unserer Seelenenergie in der Form, dass uns mehr Lebensfreude *zufällt*. Will ich etwa mit dem Auto in die Stadt fahren und in einem bestimmten Geschäft einkaufen, bereite ich mich so vor: Wegen des begrenzten Parkangebots visualisiere ich einen passenden Parkplatz. Dabei stelle ich mir die Gegend um das Geschäft genau vor: Ich sehe, wie eine Frau die Bäckerei nebenan verlässt, nehme den Duft frischgebackenen Brotes wahr. Gerade schert ein Lieferwagen aus einer Parklücke. Ich parke ein und finde genau den Artikel im Angebot, den ich kaufen will. Sie werden staunen, wie effektiv Feldformen der Seelenenergie helfen, den Alltag zu meistern: besonders, wenn wir uns auch ohne Anlass Angenehmes ausmalen. Durch das Visualisieren freudevoller Ereignisse fertigen wir vor, dass sich gegenwärtiges Gepräge im Unbewussten umsetzt. Doch was, wenn unsere Zellen schädliche Schwingungen aufbauen und diese zur Gewohnheit werden? Kennen Sie das? Sie haben nicht aufgepasst, wo sie hingegangen sind und wissen nicht, wo sie sich gerade befinden: Es ist kalt, dunkel. Panik packt sie. Ihr nun dominierender Sympathikus bildet durch die Aufregung Stresssäuren. Das geschieht mitunter auch einfach nur, wenn Sie ihren Schlüssel verlegt haben. Sie rennen kopflos umher, suchen in der ganzen Wohnung, finden ihn aber nicht. Hier heißt es: innehalten, tief durchatmen und zur Ruhe kommen. Wenn nun der Basen bildende Parasympathikus zum Zuge kommt, können wir Kontakt zum Höheren Selbst oder Geistselbst aufnehmen. Nach einigen tiefen Atemzügen fällt uns gewöhnlich wieder ein, von welcher Straße wir kamen oder wo wir den Schlüssel hingelegt haben. Nehmen wir die unbewussten Regungen auf, stellen wir die Weichen für optimale Optionen: Wir können unser Leben leichter lenken und mehr Lebenslust generieren. Vertrauen wir der Weisheit der Seele, finden wir Wasser und Bäume selbst in der Wüste, womöglich auch uns selbst.

An diesem Beispiel sehen Sie, wie wichtig es in unserer durch Dauerstress geprägten Zeit ist, z. B. durch Terror, Kriege, Banken-/Wirtschaftspleiten und Arbeitsplatzsorgen verursachte Zukunftsängste mit einer Basen bildenden Ernährung abzupuffern. Wenn wir mehr Grünzeug essen und durch Singen, Tanzen und Meditieren zur Ruhe kommen, können wir unsere heute schon übliche Übersäuerung in den Griff bekommen. Doch am meisten Basen bilden wir durch die Liebe im Herzen. Wenn unser Herz lacht, können wir unsere Wasserkristalle vervollkommnen.

Folgend finden Sie viele Fotos kristalliner Strukturen von H_2O. Wie Sie bereits wissen, können dem exzellenten Speicher für energetische Schwingungen Informationen akustischer, chemischer oder elektromagnetischer Frequenzmuster aufgeprägt werden. Doch ob Sie meine Ansicht teilen, dass die *Maler* der Wasserkristallbilder unsere Lieben im Jenseits sind, die es sich auf der Astralebene gut gehen lassen ohne den Stress leiblichen Lebens, bleibt Ihnen überlassen. In diesem Bereich könnten Sie noch zu den Bahnbrechern gehören, sofern Sie das Experimentieren mit den Wasserkristallfotos zu Ihrem Hobby machten. Ernst F. Braun würde sich über interessante Aufträge freuen, und Sie sich über ganz persönliche Kunstwerke bzw. einzigartigen Wandschmuck. Wichtig wäre nur, dass Sie sich zu den Individuen zählen, deren kritischer Sinn nicht allzu geschärft ist. Denn, wenn Sie sich das Unmittelbare der Fantasie bewahrt haben, könnte das sehr spannend werden. Menschen, die in keine bestimmte Richtung gedrillt werden, sind eher bereit, unerwartete Fakten anzuerkennen, so erstaunlich sie auch sein mögen. Sollten Sie wissenschaftlich tätig werden wollen, hoffen Sie besser nicht auf öffentliche Darlehen. Sie können eher damit rechnen, dass man Ihnen ins Gesicht lacht. Aber mit Ausdauer, Selbstvertrauen und dem Glauben an die Sache sowie an unsere eigene Begabung kommen wir bekanntlich an jedes Ziel. Jedenfalls scheinen die im bzw. mit Wasser wirkenden Wesen bereit zu sein, ihr Geheimnis preiszugeben.

Meist sind die Menschen erstaunt, wenn sie Fotografien gefrorener Wassertropfen zum ersten Mal sehen. Manche mögen sich über das wunderbare Wesen des Wassers wundern, wie ich vor wenigen Jahren noch. Wieder andere wollen gar nicht wissen, ob H_2O souverän oder die Leinwand von Seelenmalern ist. Letzteres würde ja bedeuten: Verlassen wir dereinst unseren Körper, existieren wir weiter und müssen womöglich Verantwortung für unser Handeln in der jeweiligen Inkarnation übernehmen.

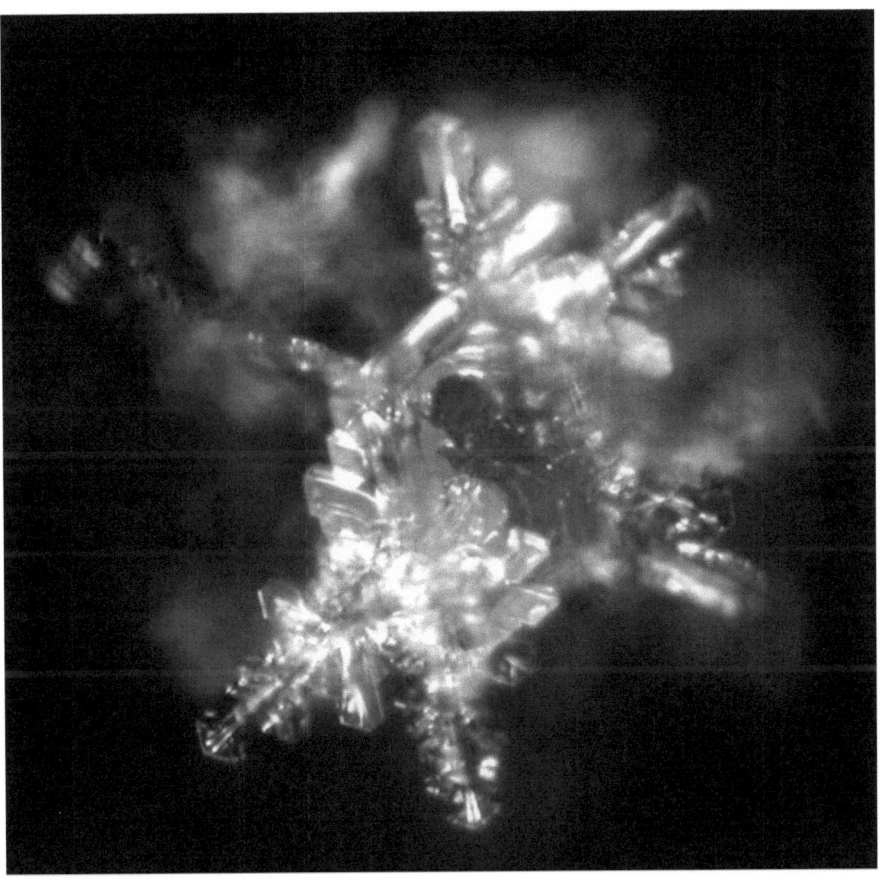

III. BILDERSPRACHE DER SEELEN

Seelenschwingen

Strahlend schöne Seelensterne zeigen mir, woher sie kommen.
Rühren selten zarte Saiten an, füllen mein Herz mit Freude.

Seelen spenden Seelentrost, Glücksgefühle kaum zu fassen.
Zarte Arme schmiegen sich um meinen Seelenleib.

Trauer umhüllt mein Herz, doch schon bald fliegt
der Sehnsucht Sinnen wieder mit dem Wind davon.

Seelensterne – kristallisierte Energie

Wie empfangen wir energetische Botschaften? Manchmal ist es nur ein Gefühl, das uns sagt, so und nicht anders muss es sein. Mitunter werden wir via Wahrträume und Visionen gewarnt. Auch beim Hellhören handelt es sich oft um Anweisungen unseres unbegrenzten Höheren Selbst oder anderer Seelen. Die hier beschriebenen *Seelensterne* dürften überwiegend das Werk hinübergegangener Seelen sein. Sie scheinen all unsere Sprachen zu verstehen und unsere Gedanken und Schriften lesen zu können. Ihre übermittelten Botschaften zeugen von ihrer Existenz. Ob sie aber mittels unserer Eigenfrequenzen, durch Beobachtung, Abfragen der kosmischen Chronik oder auf eine andere Weise ihr Wissen erlangen und auf das Wasser übertragen, werden wir wohl erst erfahren, wenn wir uns dereinst selbst wieder unseren heimatlichen Gefilden nähern.

Ebenfalls ohne zu wissen, wie es genau funktioniert, können wir aktiviertes H_2O zu unserem Nutzen verwenden. Es enthält alle Frequenzen des Lichts. Wenn wir dieses Lichtwasser trinken oder darin baden, überträgt es genau die Schwingungen, die wir im Moment zur Balance unseres Organismus benötigen (Meyer 2002).

Wenn Sie sich selbst ein Bild über die Wassermaler machen wollen, holen die intuitiven Schweizer Ernst F. Braun und seine Tochter Sarah Steinmann Ihnen gern ihre *Seelensterne* vom Himmel. Wagen Sie ihr ganz eigenes Experiment. Sie können Wasserkristallfotos von sich, Ihren Lieben, Haustieren, Quellen, Flüssen, Seen, Brunnen, Bauplätzen oder von ihrem Leitungswasser anfertigen lassen. Es scheint nichts zu geben, was nicht objektiv betrachtet werden könnte. Oder besser gesagt: Im Wasser werden alle Schwingungen kopiert und in sichtbare Form umgewandelt. Aber Vorsicht, vielleicht mögen Sie gar nicht sehen, was zum Vorschein kommt. Denn, wenn Sie ihre Partner, Kinder oder Haustiere ein wenig kennen, ist das eine Sache. Sofern Ihnen aber ein *fremdes* Wesen die Essenz ihres Ehegesponses karikiert kristallisiert, könnte das ein tiefgründiges Nachdenken nach sich ziehen, wie z. B. das WKF der Titelseite, das meinen Mann mit seiner einstigen Karl-Lagerfeld-Frisur zeigt.

Den geistigen Malern scheint nichts zu entgehen. Wenn doch nur jedem(r) bewusst wäre, dass wir beobachtet werden! Wer würde noch lügen und betrügen, wenn wir fest mit den Folgen rechneten? Wer würde horten und morden, wenn ihm oder ihr bewusst wären, die Verfehlungen wieder gut machen zu müssen?

Der Wasserkünstler auf Wanderschaft

Als ich Ernst F. Braun anrief, hatte ich gerade Hape Kerkelings Buch über seine Reise auf dem Jakobsweg gelesen, den Shirley MacLaine Jahre zuvor in 28 Tagen schaffte. So kamen wir auf eigene Pilgerschaften zu sprechen. Den als Linie der Kraft bezeichneten mittelalterlichen Jakobsweg bewältigte der drahtige Schweizer von zu Hause:

rund 2200 km! Er sagt dazu: *Der sogenannte Jakobsweg ist viel älter als die Christenheit. Die Christen haben ihn nur neu belebt und ihre Kathedralen (Machtdemonstration) auf Kraftorte gesetzt. Der Weg endet nicht in Santiago, sondern in Finisterre.*

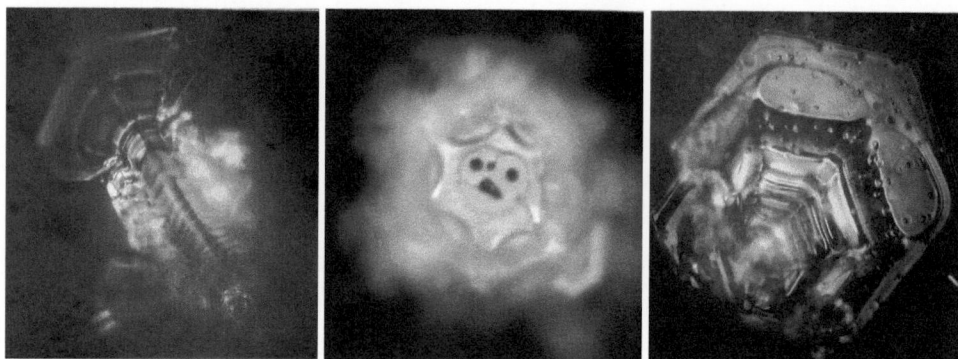

Was heißt es, ganz allein durch die Welt zu ziehen? Wandert der Mensch monatelang, wird es wunderbar still in ihm. Dann sind die Sinne seismografisch und er kann wieder seine Wunder wirken. Im Buch von Ernst F. Braun „*Wasserkristalle. Zauberwelt auf gefrorenen Wassertropfen*" fand ich die Raumfahrtfotos besonders spannend. Herr Braun ging auf meine Frage, wie er sie generierte, nicht ein. Freilich verführte dies meine Fantasie dazu, Luftsprünge zu vollführen: Wer monatelang durch verwaiste Lande wandert, könnte ja auch mal ganz woanders landen. Auf meine Frage nach des Wasserkünstlers Jakobsweg-Story, meinte der, dass seine Version von "ich bin dann mal weg" herzlich wenig Leute interessieren würde. Dennoch fand ich seine Erfahrungen beachtenswert. Haben sie auch mit Wasser zu tun? Immerhin besteht ein Mann mittleren Alters auch noch zu 60-65% aus Wasser:

Als ich vor sieben Jahren den Weg von Burgistein CH nach Santiago gegangen bin, war mein Fokus die Leere. Von den ersten 500 km bis Le Puy ist nicht mehr viel in meiner Erinnerung. Da habe ich mich nur um mich selbst gedreht. Zusammen mit der Natur wurde es dann immer besser und schöner.

In Spanien bin ich dann auch bei mir angelangt, da weiß ich noch fast jeden Schritt. Und auch die sogenannte Leere ist immer öfters eingefahren. D. h. mein Verstand, also das Denken, hat sich zeitweise weggerollt, wie ein Teppich vom Boden. Dann war nur noch das Sein. Das war wunderschön, so im Sein zu ruhen ohne jeglichen Gedanken. Da löst sich auch die Trennung auf, die Trennung zwischen mir und der Natur, dem Baum, dem Weg, dem Vogel ... etc. welche der Intellekt dann halt nicht mehr betitelt sondern die Gefühlsebene nur noch wahrnimmt. Da steckt natürlich auch ein Suchtpotenzial dahinter. Vielleicht ist dies mit ein Grund, dass man/frau immer wieder lospilgert. Es stellt sich dann nachträglich auch die Frage: Wo sind alle die Religionen, Moralkonzepte, Unterschiede etc., wenn der Denkapparat stillsteht?

Als der Wasserkünstler mir meine 15 Seelensterne mailte, fand ich sie zunächst einfach nur schön. Bei mehrmaligem Betrachten fiel mir aber auf, dass die meisten Kristalle Marksteine meines Lebens abbildeten: beginnend mit dem Kristall, den ich zuerst *Befruchtung trotz Patentex-Prophylaxe* nannte. Doch später fiel mir ein, dass er eher meine Zangengeburt abbildete. Siehe Seite 51.

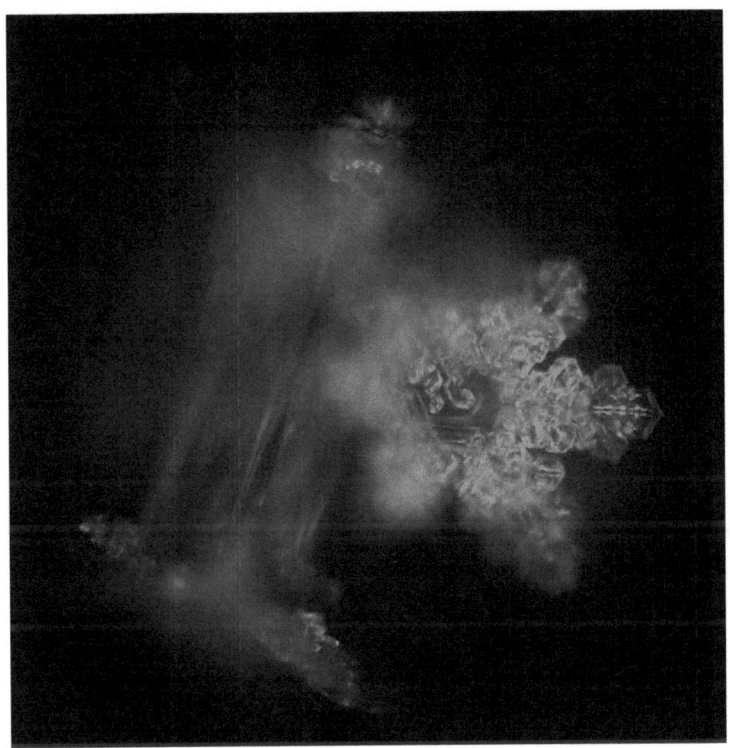

Wer oder was imprägniert das Nass?

Wer sind die Wesen, die Schwingungsbilder ins Wasser malen? Als ich Ernst Brauns WKF von einer Bauernhofquelle in seinem Buch entdeckte, fragte ich: War das der Luzerner Bauer, der die Quellfassung grub?

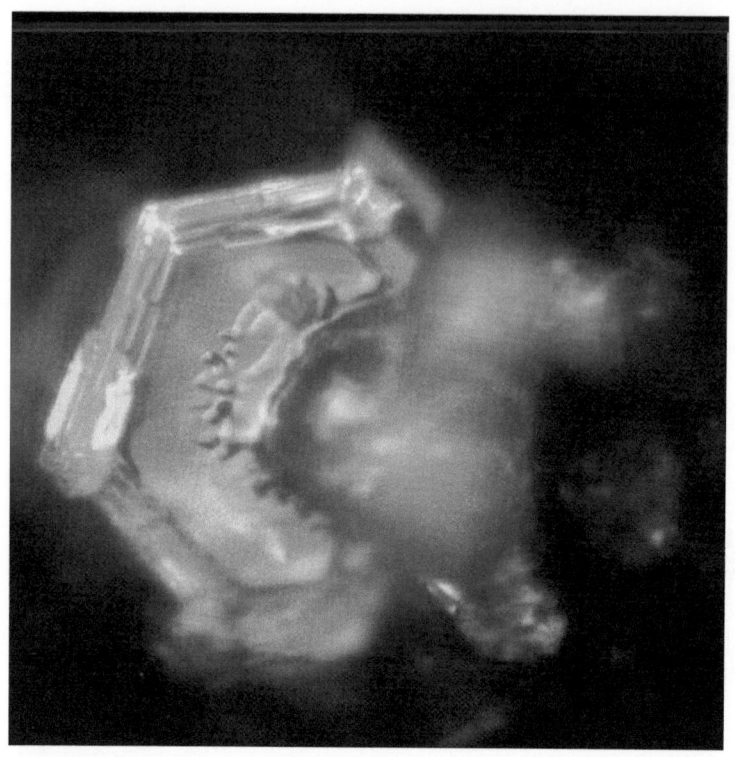

Könnte das Profil des Greises ein Selbstbildnis sein? Ohne die Lektüre *Sprechfunk mit Verstorbenen* hätte ich wohl geglaubt, das Wasser habe das Bild erzeugt. Jetzt kann ich es mir ähnlich vorstellen, wie bei Friedrich Jürgensons Tonbandkontakten mit dem Jenseits. Beim Abhören von aufgezeichneten Vogelstimmen hörte der Opernsänger und Kunstmaler die Stimme seiner verstorbenen Mutter. Sie habe ihn mit seinem Spitznamen angesprochen: „Friedel, kannst du mich hören? Hier ist Mammi.“ Später meldeten sich auch längst oder gerade verstorbene Bekannte. Bei Radiokontakten wirkten zu Lebzeiten ausgebildete Musiker, Sänger und Schauspieler mit. Die Stimmen der Sänger in den ausgestrahlten Sendungen wurden durch die der verstorbenen Künstler ausgetauscht. Durch Wortmetamorphosen sendeten Letztere persönliche Mitteilungen. Sie mögen nun fragen: warum die Mühe? Doch, was wäre, wenn wir dereinst aus der körperlichen Hülle entschlüpfend feststellten, dass wir weiter existieren? Wollten wir dann nicht auch unsere Hinterbliebenen informieren?

So war das wohl beim Onkel meines Vaters, der während meines Heimatbesuches Ende der 80er verstarb. Wir lebten damals in Kalifornien. In der Nacht zur Beisetzung hatte ich folgenden Traum: Unsere deutsch-amerikanische Steuerberaterin Edi besuchte uns im Appartement in Hermosa Beach und bestaunte meine Kreation in Öl. Sie sagte, ach, das Michelstädter Rathaus! Da war ich gerade auf dem Weihnachtsmarkt. Ich sagte, vielleicht haben wir gemeinsame Bekannte. Edi sagte, ich kenne Heinz Wutz. Erstaunt rief ich, das ist der Cousin meines Vaters. Ich erzählte meiner Mutter den Traum.

Beim Leichenschmaus saß Heinz mir direkt gegenüber. Was würde mehr Sinn machen, als dass sein verstorbener Vater mir den prophetischen Traum eingegeben hat? Oder hat meine während des Schlafs entfleuchte Seele mit ihm Kontakt aufgenommen? Einige Wochen später kam Edi wirklich zum ersten Mal in unsere Wohnung. Vorher hatte sie uns stets nur im Lager am LAX Airport aufgesucht. Alles geschah, wie geträumt, denn wenn unsere Seele auf nächtlicher Wanderschaft in andere Dimensionen eindringt, kann sie alles erfahren, was ist, war und sein wird. Nur in der dichten dritten Dimension unterscheiden wir Vergangenheit, Gegenwart und Zukunft. Oder war es der Verstorbene, der mir diese Bilder zeigte?

Denn unsere Lieben im Jenseits scheinen keine Mühen zu scheuen, sich bemerkbar zu machen. Auch Ludwig Wutz wollte seine Verwandten wissen lassen, dass er noch weiter existiert. Mittlerweile bin ich mir in dieser Hinsicht sicher. Denn mein verstorbener Mann und meine Mutter haben in den letzten Monaten auf vielfältige Weise mit mir Kontakt aufgenommen, auch mehrfach über den PC.

Hellhören ist für mich nichts Neues: Stimmen im Inneren oder auch im Äußeren bei Regen zu hören sind keine Seltenheit. Beim Arbeiten am PC passieren auch öfters technisch unerklärliche Dinge. Dagegen sind mir bei Radiosendungen noch nie Besonderheiten aufgefallen. Kein Wunder, ich nutze Hörfunk so gut wie nie. Doch sollen sich Seelen besonders gut in Sendungen einblenden, sodass es kaum auffällt. Wie auch immer es die *Toten* schaffen, ihre womöglich eigenen elektromagnetischen Trägerwellen in unsere Rundfunkwellen hineinzumischen: Wissenschaftler, Rundfunkexperten und Tontechniker fanden keine plausible technische Erklärung für dieses Phänomen, dessen Existenz der Leiter des Parapsychologischen Instituts der Universität Freiburg Prof. Hans Bender bestätigte. Sie können sich die Stimmen unter www.vtf.de anhören.

Wie ist das nun mit den Schwingungen? Alle Laute erzeugen ja Luftschallwellen, egal ob sie durch den Kehlkopf oder durch mechanische Instrumente verursacht werden. Letzteres hatte Leonardo da Vinci bei seinen unermesslichen Experimenten bereits erkannt. Laute bestehen in ihrem Ursprung aus elektromagnetischen Schwingungen. Diese verbreiten sich im Raum entsprechend ihrer Energiequelle teils über den Äther (Radiowellen), teils über Luftschallwellen. Wenn Laute aber nur auf einem Tonband und nicht im Raum vernommen werden können, müssten sie aus dem Äther kommen. Kennen Sie folgendes Phänomen? Wenn wir dem Plätschern des Regens lauschen, können wir hin und wieder geflüsterte Wortfetzen, mitunter sogar ganze Sätze hören. Bis vor der Lektüre obigen Buches kam mir nie die Idee, etwas anderes als durch Wasser geleitete Stimmen aus der Nachbarschaft wahrzunehmen. Wenn wir ins Badewannennass tauchen, scheinen die Wände ja auch Ohren zu haben. Mittlerweile möchte mir Goethes Betrachtungsweise auch einleuchten. Der schreibende Jurist und Naturkundler, der einen IQ von über 200 gehabt haben soll, besuchte oft Bäder, weil dort angeblich die himmlischen Botschaften mehr flossen. Immerhin weiß ich von unserem Aufenthalt in Hermosa Beach, dass ich bei hoher Luftfeuchtigkeit und innerer Befeuchtung durch wasserhaltige Kost wesentlich mehr übersinnlich wahrnahm. Aber zurück zu dem in Deutschland und Russland aufgewachsenen Schweden: Jürgenson beschrieb eine Situation, wo er Sätze hörte, die sich aus dem Riesel- und Tropfgeräusch des Wassers ergaben: *Kontakt halten. Mit dem Apparat Kontakt halten – bitte hören ...* Er erkannte in Klangfarbe und -charakter die gleiche Frauenstimme, die er zuvor auf seinem Tonband festgehalten hatte. Damals hatte er zunächst geglaubt, Teile eines Rundfunkprogramms aufgenommen zu haben.

Anteilnahme abgeschiedener Lieben

Die in höheren Dimensionen existierenden Seelen malen nicht nur ins Wasser, um mit uns zu kommunizieren. Sie bedienen sich auch medialer Menschen. Shirley MacLaines Erfahrungen mit dem oben vorgestellten medialen Maler Luiz Antonio Gasparetto deuten darauf hin, dass Alte Meister mit Medien arbeiten. Als die Schauspielerin Antonio besuchte, kanalisierte er Toulouse-Lautrec. Während letzterer Shirley malte, bediente er sich nicht nur Gasparettos Hände, sondern auch seiner Stimme und sagte, er habe Shirley zu seinen Lebzeiten schon einmal gemalt: als Kurtisane. So ist es auch kein Wunder, dass sie die Rolle als das Mädchen Irma la Douce so gut beherrscht. Sie brachte ihr eine Oskar-Nominierung ein. Dieses in ihrem Buch „Die Reise nach innen. Mein Weg zu spirituellem Bewusstsein" erwähnte Erlebnis der Oscar-Gekrönten und Bestseller-Autorin deutet darauf hin:

Genie hat seinen Ursprung in Kenntnissen,
die in früheren Leben erworbenen wurden.

Wie gesagt hat es eine Weile gedauert, bis mir bewusst wurde, dass wohl bei meinen Wasserkristallfotos Kunstmaler am Werk gewesen waren: z. B. Jochen Gestering, ein

Freund der Familie, dem ich meine ersten Kontaktlinsen verdankte: Er sah mich 15-jährig mit einer Starbrille Federball spielen. Er, der im Zweiten Weltkrieg ein Bein verloren hat, verstand, wie sich ein Mädchen mit dicken Brillengläsern fühlt, wo glatt ein Dum-Dum-Geschoss abprallen würde. Ich schämte mich sehr und trug die Brille nur zu Hause und in der Schule. Die Gesterings hatten stets ein offenes Haus. Wenngleich ich den elaborierten Gesprächen versammelter Künstler und Lehrer damals noch nicht ganz folgen konnte, fühlte ich mich angenommen. Mit 19 traf ich Edmond Dembinski. Eineinhalb Jahre lang turtelten wir täglich wie die Tauben im Schoße seiner Künstlerfamilie. Eine Schwester war Bühnenbildnerin, die andere Malerin. Edis Mutter, Wanda von Dembinski malte in zwei Stunden ein Porträt in Öl, das einem Foto gleich kam: nicht immer zur Freude der Kunden. Es gelang Wanda nämlich, mit dem Pinsel etwas vom Charakter und der inneren Wahrheit zum Ausdruck zu bringen. Doch wenige wollen ihrem Schatten ins Auge blicken. Nicht lange, nachdem Edi den Wunsch seiner Mutter nach einem bunt bemalten Sarg erfüllt hatte, entschlüpfte er 2002 selbst seinem *Sloggy-long-long*-Körper. Auch der Maler Hellmut Hoffmann, der in der Odenwaldschule als Kunstlehrer gearbeitet hatte, könnte daran beteiligt sein. Von dem Michelstädter erhielt ich viele Briefe, als wir zehn Jahre lang in USA lebten. Der Gedanke freut mich, dass diese Maler mir wohl die vielen *Seelensterne* geschenkt haben.

Über das Foto unseres aus dem Tierheim in North Hollywood stammenden Katers Max ist weiter unten auch seine 13-jährige Geschichte dokumentiert. Sollten diese von meinen verstorbenen Maler-Freunden stammen, könnten sie sich die Daten über das Astralgedächtnis beschafft haben. Oder sie besuchen uns wirklich immer mal wieder, um durch die Beobachtung zu den Informationen zu kommen. So oder so oder noch anders zeigen uns die Wasserkristallfotos, dass es mehr Dinge zwischen Himmel und Erde gibt als uns die Schulweisheit lehrt.

Wie im vorigen Kapitel klargelegt, sammelte Friedrich Jürgenson Tonbandstimmen, wobei ihn der Kontakt mit seinem Jugendfreund Boris Sacharow, einem der berühmtesten Yogalehrer Deutschlands, besonders berührte. Auf ähnliche Art trug ich in L. A. unzählige übersinnliche Erfahrungen zusammen. Am meisten wühlte mich die Eröffnung des auf geistiger Ebene übermittelten Familiengeheimnisses auf. Meine Urgroßmutter war mit einem zwei Monate alten Problem sitzen geblieben. Doch das Kind der Liebe kam ehelich zur Welt, da sich in der neuapostolischen Gemeinde ein Ehrenretter fand. Anfang der 1990er Jahre wollte ich unbedingt herausfinden, wo noch Verwandte meines 1902 in die USA ausgewanderten Urgroßvaters leben könnten. Doch die Zeit war noch nicht reif dafür, den potenziellen Nachkommen des aus dem Hanauer Raum stammenden Ahnen auf die Spur zu kommen. Werde ich je Gelegenheit haben, meinen mir als Geist erschienenen Urgroßvater im Fotoalbum der noch fremden Familie identifizieren zu können? Werde ich je eine oder einen jener Victors treffen, die in der bezaubernden Gegend um Carmel in Kalifornien angesiedelt haben sollen? Damals wusste ich noch nicht, dass auch eine berühmte Großtante mütterlicherseits von mir in Carmel lebt. Obwohl eine Wahrsagerin vor 28 Jahren sagte, ich sei mit Doris Day verwandt. Hätte ich es mal besser geglaubt, dann hätte Doris ihre drei Großcousinen, die mich im kalifornischen Encino besuchten, kennenlernen können. In meinem Buch *FAMILIEN-CODE* habe ich darüber berichtet.

Jedenfalls werde ich, wann immer die himmlischen Botschaften fließen, die Führung dankend annehmen und bin gespannt, wohin die Wellen das Buch, meine Leser und mich tragen werden. Jedenfalls scheint die geistige Welt Verbindung mit uns aufzunehmen, um die Öffentlichkeit mit unbestreitbaren Tatsachen zu konfrontieren. Sie bedient sich verschiedenster Kanäle: Einige der geistigen Wesen melden sich via Radio oder per PC, andere erreichen uns in Träumen. Oder sie melden sich mit ihrem ganz eigenen Odeur. So war das auch an jenem Donnerstag des 3.9.1998, als mich am Computer sitzend der zarte Duft meiner Großmutter streifte, so als ob sie hinter mir stünde. Sie wollte mich wohl auf ein besonderes Ereignis aufmerksam machen. Womöglich ratterte im Druck- und Verlagshaus gerade die Seite mit meinem Interview durch die Presse. Am nächsten Morgen rief meine Mutter an und sagte: *Heute bist Du der Star der Zeitung: ein fast einseitiges Interview mit großem Farbfoto von dir und deinem Buch.* Ich erzählte meiner Mutter das Dufterlebnis. Daraufhin sagte sie: *Merkwürdig, ich hab beim Lesen des Artikels das Gefühl gehabt, als ob sie mir über die Schulter geschaut hätte.* Womöglich hatte sie zu dieser Zeit auch Kontakt zu meinem Vater, denn 28 Tage später holte sie ihn zu sich. Er hatte definitiv seinen Todestag gekannt, da sein Jahresordner lautete: bis Ende Sept. 98. Am 1. Oktober ließ er seine leibliche Hülle hinter sich. Erst vor einigen Wochen fiel mir wieder ein Gespräch mit Peter ein. Er sagte, ich werde wohl mal nicht älter als 75. Ich sagte, das glaube ich nicht, dein Vater wurde vor 50 Jahren schon 76 und da wirst Du doch mindestens zehn Jahre älter. Da ich so gut wie kein Zeitgefühl habe, könnte ich jetzt nicht sagen, wann das Gespräch stattgefunden hatte. Vielleicht auch nur wenige Tage vor seinem Hinübergehen.

Immerhin hat Peter sich schon mehrfach mit mir in Verbindung gesetzt: via visuellem Kontakt, außerkörperlichem und telefonischem Austausch sowie physikalischer Phänomene, meist hat es mit Elektrizität zu tun. Siehe mein Buch „Über den Tod hinaus".

Haben Sie selbst schon ungewöhnliche Dinge erlebt? Z. B. am PC: Es ist, als ob er sich selbstständig macht. Oder plötzlich wird etwas gelöscht und hinterher, wenn der Ärger verflogen ist, merken wir: Es war ganz gut so. Vor einigen Jahren flog aus Versehen ein Schriftwerk einfach weg. Beim Öffnen der Datei kamen nur leere Blätter! Doch durch tägliches Abspeichern war die Datei gesichert. Rasch kramte ich den USB-Stick hervor, um den Text zu übertragen. Fragen Sie nicht, was passiert, ist: Auch diese Datei kaum geöffnet, weg! Im PC gab es noch eine 6 Tage zuvor abgespeicherte Version. Mein Mann nahm mich bedauernd in den Arm. Jahre zuvor hätte ich bei einem solchen Malheur noch völlig entnervt reagiert. Doch da sagte ich: *Na, lass mal, das soll wohl so sein.* Kurz darauf schrieb ich einen völlig neuen Anfang.

Sich führen zu lassen, bedeutet nicht nur weniger Stress,
sondern auch bessere Ergebnisse.

Am besten wir bleiben für alles offen, was mit allen Arten drahtloser Verbindungen geschieht. Denn hier haben unsere Lieben im Jenseits Möglichkeiten, uns zu kontaktieren: Es kommt nur auf die Wellenlänge an. Und an Anschluss scheint ihnen sehr gelegen zu sein. Das geht aus den hier und in vielen anderen Werken beschriebenen Erfahrungen hervor. So wie wir momentan die Erde malträtieren, könnte auch eine gewisse Dringlichkeit zur Kontaktaufnahme zugrunde liegen. Es liegt an uns, wie wir damit umgehen wollen. Im beginnenden Zeitalter des Wassermanns, der Weisheit und Wahrheit, werden wir uns an den vordringlichen Angelegenheiten nicht wie bisher klammheimlich vorbeimogeln können.

Jedem sein eigener Seelenstern

Wie können wir uns via Wasser informieren? Eine Möglichkeit ist das Studieren der eigenen Wasserkristallfotos. Wie gesagt fotografieren im *Atelier für Kunst und Mystic* Ernst F. Braun und Sarah Steinmann gefrorene Wassertropfen. Es handelt sich um ein Verfahren, dessen Meisterung nur wenige intuitive Menschen vermögen. Da die Mikroskopfotografie zudem ein kostspieliges Unterfangen ist, wird die Welt so schnell keine Schwemme erleben. Wie die beiden Schweizer ihre Arbeit machen, wird jedenfalls ihr Geheimnis bleiben. Aber Sie dürfen sie gern durch interessante Aufträge in ihrer Forschungsarbeit unterstützen.

Vielleicht wollen Sie sich mal mit den *Seelensternen* Ihres Schatzes, Ihrer Kinder, Haustiere oder Pflanzen beschenken. Diese Originale als Poster sind besonders originelle Wandbehänge. Soll es ein Geschenk und somit geheim bleiben, verfahren Sie am besten so: Schicken Sie ein Foto der betreffenden Personen oder Tieren zu den Schweizer Künstlern. Die traditionelle Variante ist: in der Drogerie oder Apotheke ein 30-ml-Glasfläschchen mit Kunststoffverschluss besorgen und dies mit destilliertem H_2O befüllen. Auf den gefrorenen Tropfen solchen Wassers entstehen kaum kristalline Formen, Botschaften oder Sterne. Deshalb wäre es besser, das neutrale Nass wie folgt zu informieren: Erst können Sie die Deckel mit 1, 2 und 3 oder A, B und C beschriften, falls Sie mehrere Seelensterne haben möchten. So wäre etwa Ihr Mann die Nummer 1, das älteste Kind 2, das jüngere 3, der Hund 4 usw. Legen Sie die Fläschchen ins jeweilige Bett derjenigen Kinder, die noch nicht ihren Namen schreiben können, sodass es nicht stört. Achten Sie darauf, dass alle gut verschlossen sind. Sofern die Kinder ihren Namen selbst fließend schreiben können, reicht die Zettelversion. Haben Sie vor, von Ihren Haustieren einen Seelenstern generieren zu lassen, können Sie die Fläschchen an beliebte Schlafplätze legen. Einige Stunden sollten genügen. Falls ihre Katze zu den seltenen Malgenies gehört, wäre eines ihrer Kunstwerke genehm. Sie können ein Fläschchen auch einige Tage um Ihren Lieblingsbaum gebunden belassen oder in einen Blumentopf stecken. Ihrer Fantasie sind keine Grenzen gesetzt. Packen Sie die Fläschchen in Alufolie ein und schicken Sie diese in einem gepolsterten Umschlag zum *Atelier für Kunst und Mystik*. Wichtig: Keine Etiketten oder Beschriftungen sondern nur Markierungen, wie 1, 2, 3 oder A, B, C anbringen. Sie können sich die zu den Nummern passenden Namen notieren oder merken.

Testen der Gruppendynamik

Sind Sie sich unklar, einem Chor, Sportverein oder einer Partei treu zu bleiben oder den Abschied einzureichen? Sie könnten die *Seelensterne* zurate ziehen: einfach das Gläschen mit zur Veranstaltung nehmen. Bitten Sie die guten Geister, gruppendynamische Schwingungen zu scannen und auf das Wasser zu übertragen. Sie würden es wohl auch ungebeten tun. Was könnte für sie spaßiger sein, als uns beim Betrachten der Wasserkristalle mit ihrer Beurteilung zu überraschen? So mag es ihnen womöglich gelingen, jene am Übersinnlichen gern vorbeischleichenden Herren und Damen der Schöpfung zum Reflektieren zu bringen. Und daran ist den Heimgegangenen am meisten gelegen.

Auf ähnliche Weise könnten wir die Seelensterne sprechen lassen, wenn es um die Frage geht, sich einer Wohngemeinschaft anzuschließen. Vielleicht wäre die geistige Welt auch geneigt, bei Eheberatungen mitzuwirken. Wir stellen das Fläschchen in die Mitte des Familien- oder Gruppenkreises und bitten die Personen, sich mit ihren Fragen an die *Wasserseelen* zu wenden. Überwiegend schöne Kristalle würde ich als „Ja" interpretieren. Kämen mehrheitlich dunkle Bilder ohne kristalline Strukturen zustande, wäre es ein „Nein". Mit etwas Hellsicht können wir die Gründe der jeweiligen Entscheidungen in den Wasserkristallfotos entdecken.

Erstellen eines Seelensterns nach Ernst F. Braun

Kommt ein Fläschchen mit destilliertem H_2O im Atelier an, können die 22 Tropfen gleich entnommen und gefrostet werden. Mit der symbolischen Meisterzahl 22 sind die Künstler bisher gut gefahren. Trifft ein Zettel mit der Unterschrift ein, wickeln sie ihn um ein Gläschen mit geläutertem Wasser und belassen ihn 1 bis 3 Tage. Genauso lange wird ein Fläschchen mit destilliertem H_2O auf ein Foto gestellt. Danach entnehmen Herr Braun oder Frau Steinmann mit der Pipette 22 Tropfen und frieren sie in Petrischalen einzeln bei -30° einige Stunden ein.

Schließlich werden die einzelnen Eisklümpchen unterm Mikroskop fotografiert. Dabei müssen die Fotografen den richtigen Moment abwarten. Nicht auf jedem Tropfen sind Formen ersichtlich. In der Regel gelingen 8 WKF. Solche mit sichtbaren Strukturen

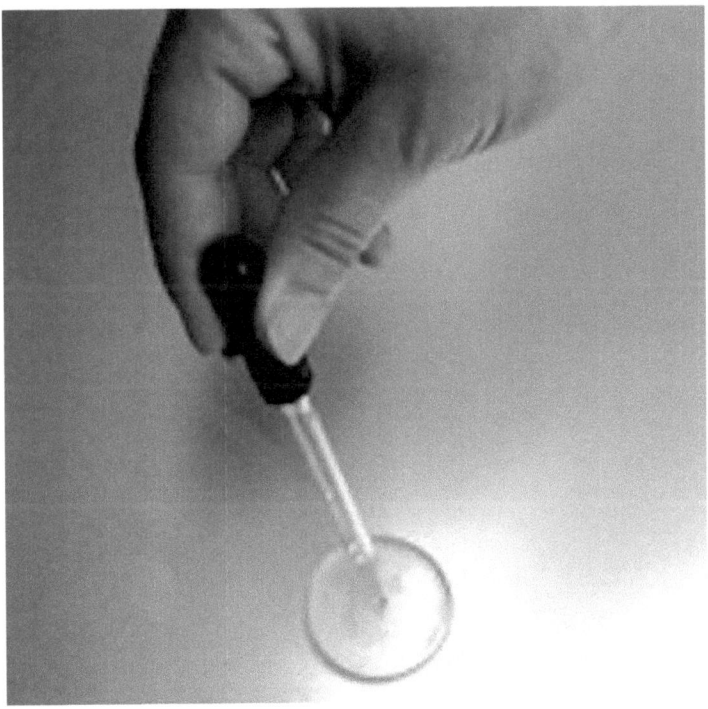

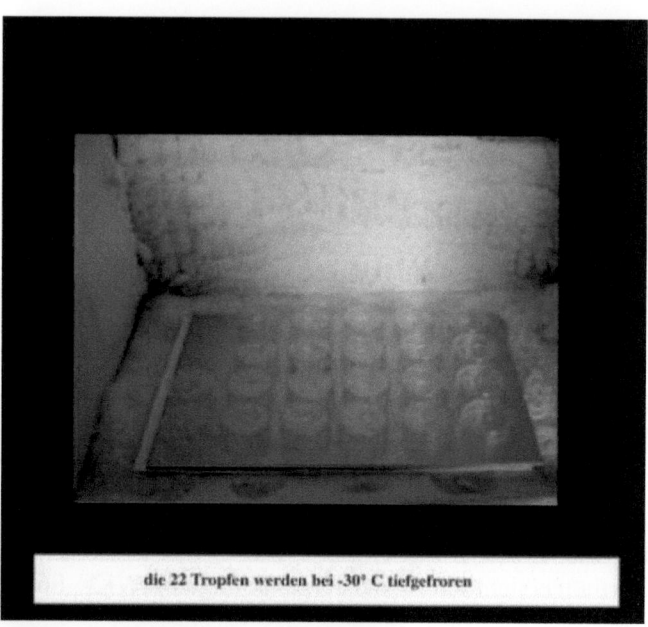

die 22 Tropfen werden bei -30° C tiefgefroren

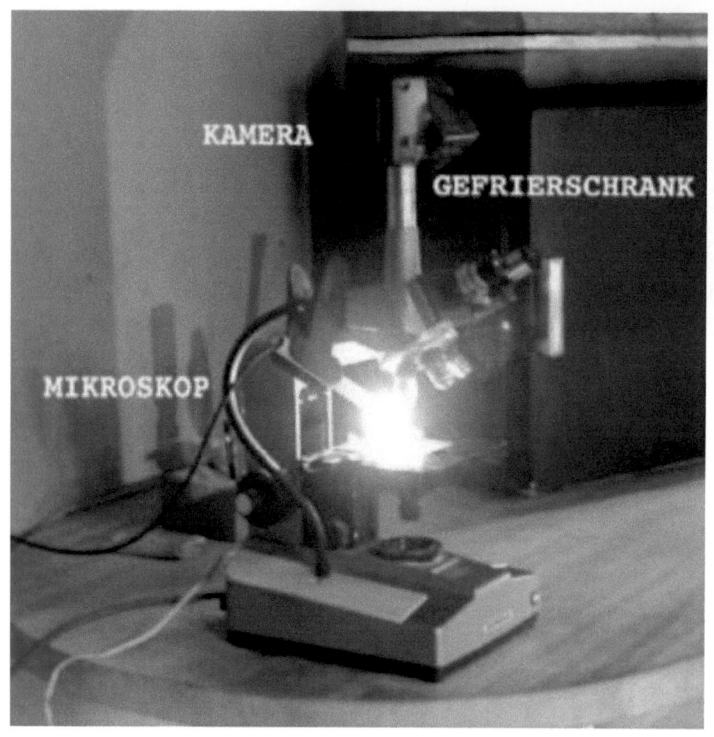

werden ausgewählt, von der Beleuchtung her optimiert und farblich gestaltet. Die Formen bleiben unverändert. Mitunter erzählen die Fotos ganze Geschichten. Mir zeigten sie Meilensteine meines Lebens. Lassen Sie sich überraschen, welche Botschaften Ihnen die Künstler des Diesseits und Jenseits ins Wasser und aus dem Wasser zaubern. Es handelt sich stets um Unikate. Kaum ein Künstler könnte die Wasserkristalle exakt genau kopieren. Dennoch können Kunst- oder Hobbymaler sich durch die Kristalle inspirieren lassen. Das schönste Foto vergrößert oder gemalt macht ein originelles Geschenk. Gibt es etwas Eigenwilligeres als den eigenen *Seelenstern*?

Seelensterne - Marksteine des Lebens

Die von meiner Schrift generierten Gebilde vermag ich am besten zu deuten. Der folgende Kristall, das Schlüsselloch, symbolisiert das Weibliche. Der Nächste zeigt mein

Sternzeichen Schütze. Obwohl ich in höchst gefährlichen Situationen einen kühlen Kopf bewahre, neige ich dazu, z. B., wenn ich etwas suche, kopflos zu reagieren bzw. die Nerven zu verlieren. Dieses lustige Mäuschen, da, wo der Kopf eigentlich hätte sein sollen, scheint die Schusseligkeit darzustellen.

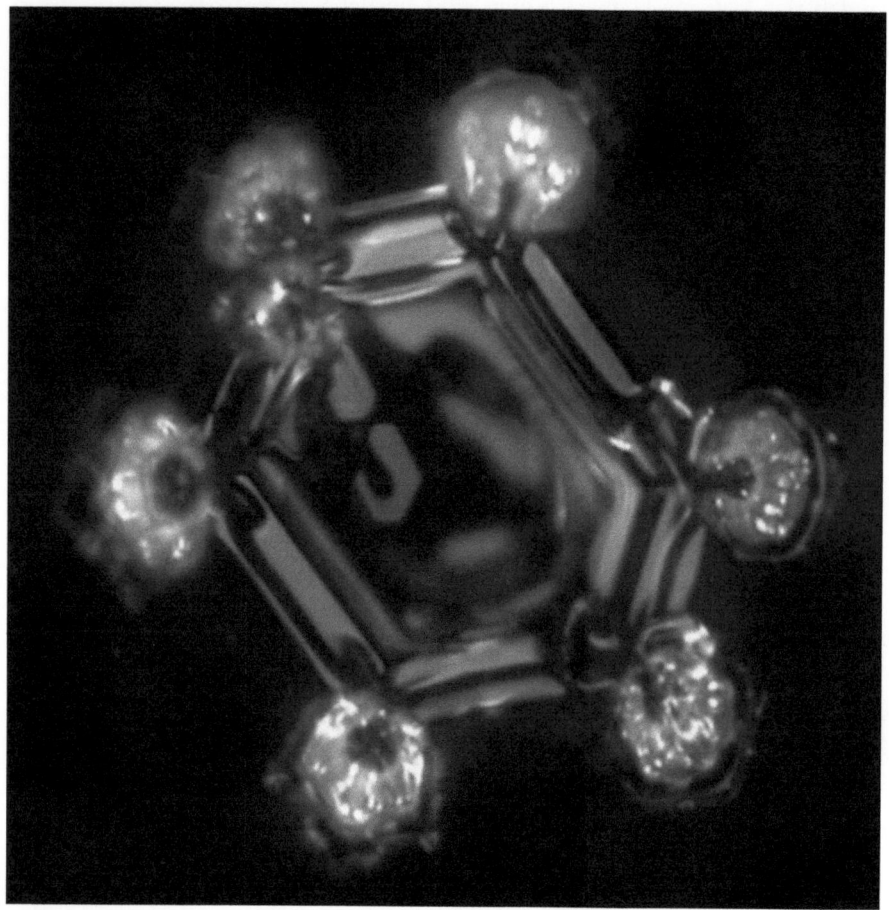

Beim nächsten Wasserkristallfoto, das ich als Befruchtung trotz intravaginaler Kontrazeption mit Patentex interpretiere, relativiert sich das helle Gebilde durch verschwommene Zacken. Aber auch das Bit pränatales Trauma schwirrte durch meine grauen Zellen. Der Seelenstern könnte auch meine Zangengeburt darstellen. Ich war drei Wochen überfällig und musste geholt werden. Deshalb bin ich wohl auch heute ein Mensch, der gern geholt werden will. Ich mache immer so mein Ding, lesen und

schreiben oder etwas werkeln. Aber ansonsten lasse ich mich gern anstoßen, etwas zu machen.

So war ich letzten Sommer auch nur deshalb nach Hamburg gereist, weil mich meine Freundin Barbara Simonsohn eingeladen hatte. Da ich ihr zum Dank ein Buch korrigiert habe, konnte ich durch sie in der Folge einen Lektoratsjob ergattern. Ich bin finanziell nicht unbedingt darauf angewiesen, da ich ein genügsamer Mensch bin und das Leben in Portugal erheblich erschwinglicher ist als in Deutschland. Aber ich hatte mir schon immer gewünscht, dass ich fürs Lesen interessanter Ratgeber auch noch bezahlt werde. Allerdings denke ich nach dem Korrekturlesen des Buches „Der goldene Pfad", dass ich quasi zu Richard Rudds Werk geführt wurde, um etwas über die 64 Genschlüssel zu erfahren. Denn direkt nach Abgabe der Arbeit bestellte ich mir das Buch „Die 64 Genschlüssel: Das Öffnen der verborgenen höheren Bestimmung in unserer DNA" und seither kam kein Auftrag mehr. Siehe auch S. 103.

Das folgende WKF interpretierte ich zuerst als meine Liebe zu Tieren und Bäumen. Es könnte aber auch allein unserer marokkanischen *Sandprinzessin* gelten. Das fünf Wochen alte Wollknäuel bellte mich am Strand von Agadir an. Alle anderen Welpen waren mit der Mama in einer Sandhöhle am Pofen. Dagegen biederte sich Sandy als perfekte Wachhündin geradezu an. Die Umstände waren günstig, Peter zu überreden. In Südfrankreich war nämlich wenige Tage zuvor in unser Wohnmobil eingebrochen worden. Von einer Frau erfuhr ich, dass die Hündin an meinem Geburtstag das Licht der Welt erblickte. Das war genau drei Monate, nachdem mein Vater seiner leiblichen Hülle entschlüpfte. Letzterer hatte nie eine der Sendungen *Herrchen gesucht* versäumt. So gern hätte er einen Hund gehabt. Doch die Umstände waren ihm nicht gewogen: die Gäste der Pension und der nachts arbeitende Sohn. Zwei Jahre lang beglückte Sandy uns mit einem Lehrgang in Hundeliebe, bis sie bei Genf, wenige Hundert Meter von Sir Peter Peter Ustinovs letzter Ruhestätte, überfahren wurde. Ein Tag zuvor

hatte sie sich anders als sonst durch mehrfaches Kopfreiben und Anschmiegen von meiner Mutter verabschiedet. Eineinhalb Jahre zuvor hatte ich geträumt, dass mir ein französischer Polizist ein rotes Lederhalsband übergab. Damals riet ich meiner Mutter, sich nicht allzu sehr emotional an die Hündin zu gewöhnen, da sie wohl nicht viel älter als zwei Jahre alt würde. Sandy verließ ihren Körper nach zwei Jahren und 24 Tagen.

Wieder so ein Wahrtraum. Wir alle träumen hin und wieder prophetisch, die meisten von uns vergessen die nächtlichen Visionen. Mitunter kommt ihnen dann etwas bekannt vor: Sie registrieren es als *déjà vu*. In der Sendung *Galileo Mystery* vom 24.10.08 ging es um den Beweis prophetischer Träume. Bei dem Briten Chris Robinson wurden sie während eines wissenschaftlichen Experiments vom US-amerikanischen Psychologen Dr. Gary Schwarz im Spätsommer 2001 dokumentiert. Einer der Träume wurde kurz darauf grausame Realität: Robinson sah Flugzeuge, die in Hochhäuser fliegen. Wenige Tage darauf kam der 11. September. Auch ich träumte von diesem Anschlag und vom Unfall unserer Freundin Marita, die eine Stunde zuvor in ihrem Auto starb. Ich sagte zu Peter am Morgen nach dem Traum: „Ich hoffe, das war nur ein Film, aber es kam mir wie eine Reportage vor. Ich hab im Fernsehen Flugzeuge ins *World Trade Center* fliegen sehen. Beide Türme haben gebrannt. Die sind einfach so zusammengesackt." Gewiss ist das für Dritte kein Beweis, aber alle im Umfeld von Leuten die oft Wahrträume haben, wissen, dass es so etwas gibt. Geforscht wird nur deshalb so wenig darüber, weil damit kein Blumentopf zu gewinnen ist. Und ich habe auch noch nie durch Warnung einen meiner prophetisch geträumten Unfälle verhindern können.

Doch zurück zu meinem Vater und Sandy. Durfte mein Vater durch unseren Hund die Liebe miterleben? Wie genau, bleibt dem geneigten Leser überlassen. Seine Seele könnte sich auf unsere Ebene des Seins begeben haben. Allein mit den Hindus und Buddhisten sind es immerhin rund zwei Milliarden Menschen, die an Seelenwanderung glauben, die alle Lebewesen einschließt. Einige Erlebnisse mit Sandy deuten durchaus auf die Möglichkeit von Letzterem hin, wie ich in *Familien-Code* zeige. Viele Hundehalter werden zustimmen, dass Vierbeiner mitunter menschlicher sind als manche Zweibeiner. Übrigens, Sandys Geschwister hatten alle Knickohren, während ihre nach oben standen. Nur wenn ich die Hündin fröhlich rief, ließ sie die Ohren fallen. Und da ich das lieber mochte, schlug ich oft den Schlappohrenton an. Und darum geht es auch bei den Wasserkristallfotos: Bei ausgelassenem Ton und wohlwollendem Ansinnen sowie gütigen Absichten und Aktionen bilden sich schöne Kristalle. Sie scheinen den Segen der anderen Welt zu genießen, denn die Astralartisten malten harmonische, helle

Bilder, wenn es um Gefälliges/Neutrales geht, wie z. B. beim Schlüsselloch, dem Hundebild oder der medizinisch-sportlichen Begebenheit mit dem *Moonhopper.*

Ganz anders sehen die Wasserkristallfotos aus, die keine positiven Ereignisse reflektieren. Die folgenden zwei bedurften langes Laborieren. Doch denke ich nun zweifelsfrei, im Gegensatz zu den beiden vorigen Kristallen, den Code geknackt zu haben. Sie stellen unnötige Operationen dar. Das erste WKF ist besonders düster und von niederer Frequenz. Es zeigt die unnötige Entfernung meines Blinddarms, der wohl nicht einmal entzündet war. Ich arbeitete damals als Direktionssekretärin bei der Deutsche Bank AG und fühlte mich irgendwie Fehl am Platz. Die Arbeit forderte mich nicht. Das Leben langweilte mich. Vielleicht wollte ich mehr Aufmerksamkeit von meinem damaligen Lebensgefährten. Jedenfalls ging ich zum Arzt und gab vor, im rechten Unterbauch Schmerzen zu haben. Obwohl er kaum die übliche Abwehrspannung diagnostiziert haben konnte, wies er mich ins Krankenhaus ein. Immerhin wurde ich auch gleich

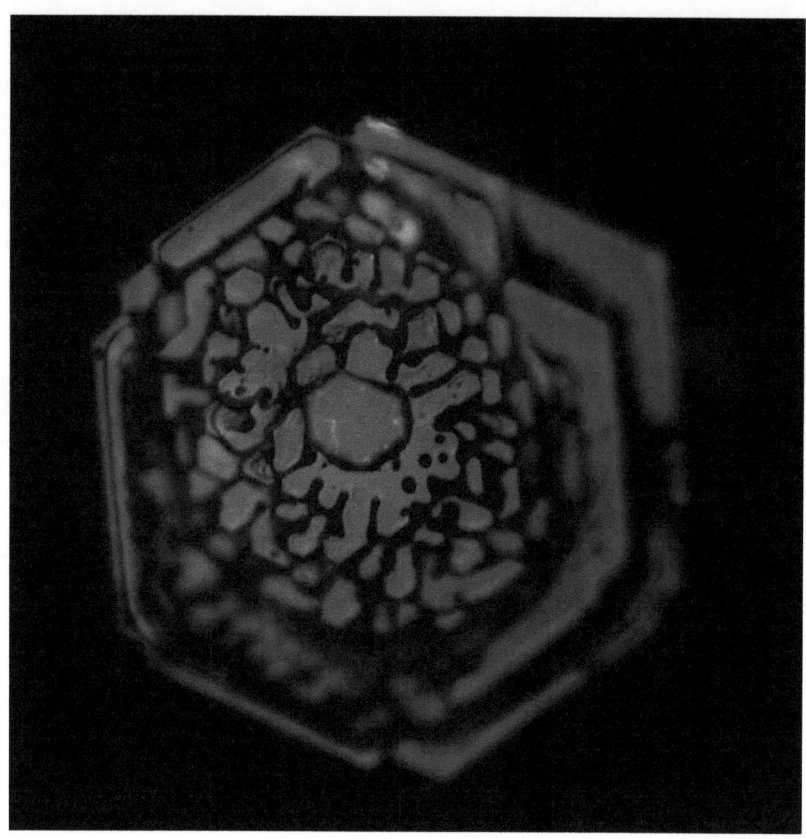

bestraft. Denn es kam zu einer postoperativen Entzündung. Wohl um mir deutlich zu machen, mit meinem Leben gespielt zu haben. Erst das Lesen des oben genannten Buches machte mir bewusst, dass ich meine Schatten besser bekenne. Denn besonders aus den praktischen Beispielen lernen Leser am meisten. Deshalb können Sie auf Seite 102 noch ein Extra-Kapitel über die verborgene Bestimmung in unserer DNA lesen.

Ohne die zweite Operation, die die Seelenmaler sehr deutlich in der Mitte des nicht ganz so niederfrequenten WKF abgebildet haben, wäre ich nie auf die Appendektomie gekommen. Auch diesen Schattenaspekt der Brustvergrößerung habe ich erst jetzt annehmend umarmen können. Wenn wir uns unsere Schattenseiten selbst vergeben, können wir innerlich entspannen und unsere Beziehungen vereinfachen.

Beim Foto auf S. 56, das wie ein gerahmtes Hochzeitsbild wirkt, dachte ich zuerst: Die in höheren Dimensionen Existierenden müssten doch wissen, dass Peter deutlich

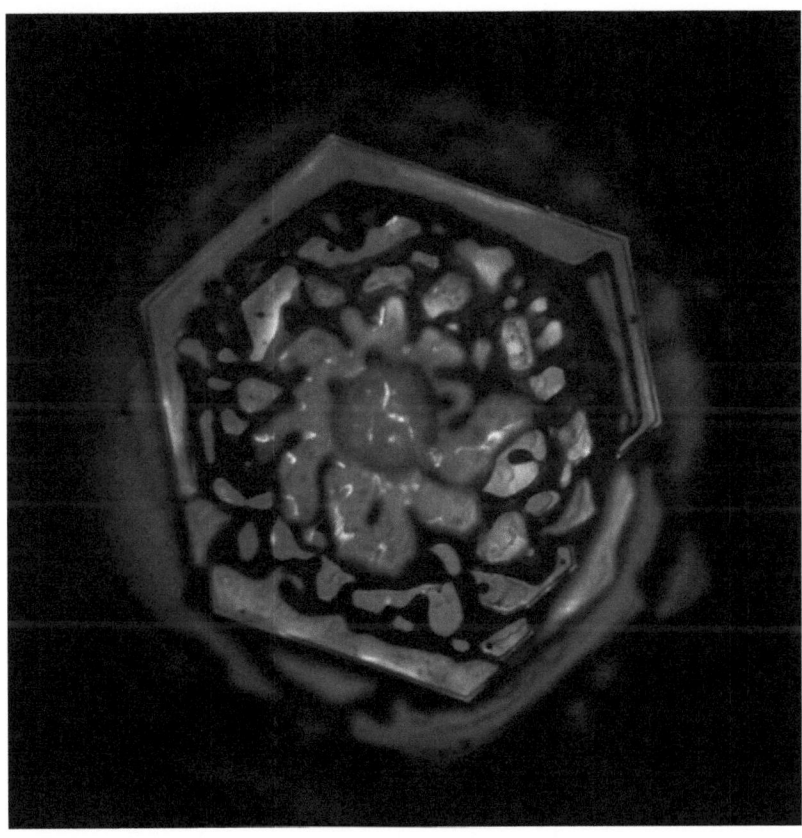

größer ist als ich. Später entdeckte ich unter mir den *Moonhopper.* Das WKF zeigt eine Szene vor einigen Jahren: Mein Mann half mir auf den Plastikring des Hüpfballs, den ich zum ersten Mal ausprobierte. Auf diesem Gerät stehend, waren wir in der Tat fast gleich groß. Sie mögen nun fragen: *Was für ein Markstein soll das denn sein?* Für mich war dieses Sportgerät aber wirklich sehr wertvoll. Denn mit ihm gelang es mir, meine Rückenprobleme zu lösen. Bei den Proben im Gospelchor war ich zuvor stets froh, wenn wir uns setzen durften, da ich nach wenigen Minuten Stehen Rücken-schmerzen bekam. Dann aber bei 200-300 Hüpfern pro Tag konnte ich stundenlang ohne Probleme stehen. Mittlerweile muss ich nicht mehr hüpfen, da ich täglich die klei-nen Rückenmuskeln stärke, indem ich mit den Hunden täglich in der Wildnis mindes-tens eine Stunde lang über Stock und Stein marschiere.

Eine Freundin erkennt im Foto der Cover-Rückseite einen Totenkopf mit krönendem Kristallbären. Ihre Interpretation: Du wirst bis zu deinem Tod das Leben spielerisch ge-nießen - eine elegante Umschreibung für Kindskopf. Ich sehe eine kniende betende Frau, und eine Chimäre: Heilige und Biest, alles im Menschen vereint. Herr Braun hält die *Hohepriesterin* für das perfekte Bild fürs Buch. Er erkannte eine betende Frau in kniender Haltung. Ich finde das Foto in jedem Fall sehr mystisch. Und um Mystik oder besser gesagt die Vermittlung zwischen Diesseits und Jenseits geht es ja wohl auch.

Vor einigen Monaten mailte mir Ernst Braun folgenden mikroskopisch fotografierten gefrorenen Wassertropfen mit der Bitte um Deutung. Er hatte das Wasser dem Brunnen einer alten Kirche entnommen. Ich erkannte im äußeren wulstigen Ring einen Mann und eine Frau ineinander verschlungen. Das Kinn, der Schnauzbart und die Gesichtszüge erinnerten mich an meinen Mann! Mir fällt noch der Kriegs- und Todesgott Odin ein, wohl, weil Peter nach reichlich Wein mitunter von Odin und Schwertern anfing. Odin ist ja auch oft mit langen Haaren und Hörnern abgebildet. Das WKF könnte auch die Unio Mystica, die Heilige Hochzeit, das Einswerden mit Gott symbolisieren, *das höchste Strebensziel der Mystiker. Dieses Ziel ist erreicht, wenn der Geistesschüler die Erkenntnisstufe der Intuition errungen hat.* https://anthrowiki.at/Unio_Mystica

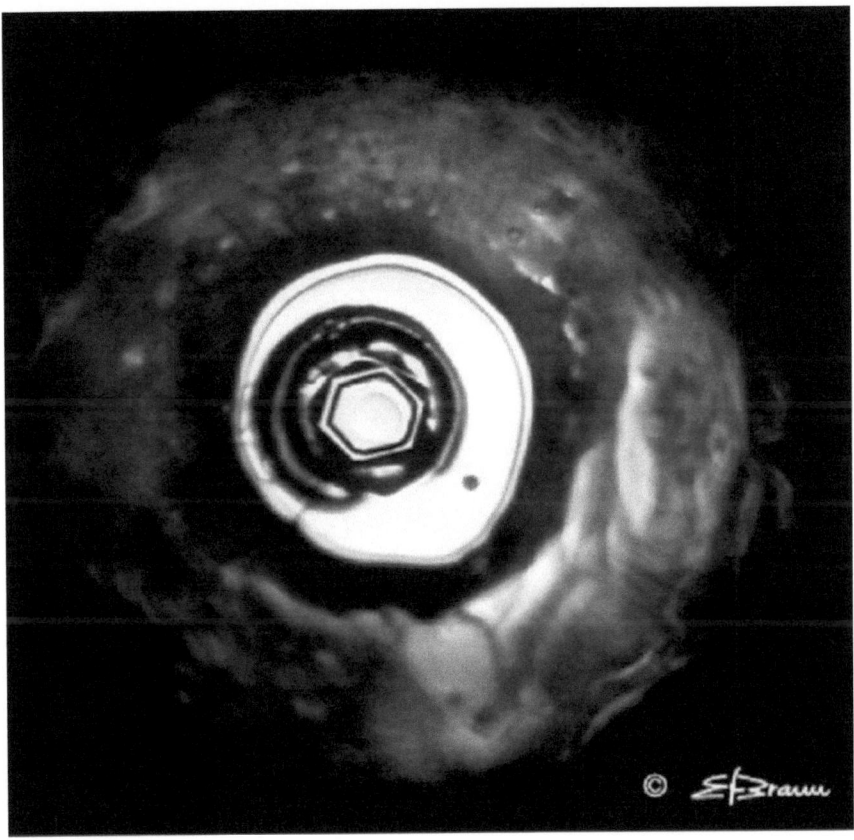

Jedenfalls deuten die Ringe, die mehrfach zu sehen sind, wie auch ein Stück Zopf auf die Verbundenheit von Mann und Frau hin. Der Zopf ist ja ebenfalls ein Symbol der Liebe, da aus zwei Strängen eine Einheit geflochten wird. Dafür spricht auch, dass in dieser Kirche viele Hochzeiten gefeiert werden.   Folgendes Foto zeigt einen versetzt zerbrochenen Kristall, ähnlich dem Emotoschen, der von mit dem Elvis Song *Heart Break Hotel* beschallten H_2O generiert wurde. Ich erkenne Objekte, die mich an eine schwere Zeit im Leben mit meinem Mann in Kalifornien erinnerte. Peter hatte das Rauchen aufgesteckt und den Nikotinentzug mit Alkohol kompensiert. Die Ausbuchtung des Kristalls stellt sein Schattenbild dar. Damals hätten wir uns fast getrennt. Ohne meine Schlichtungs- und Überredungskunst wäre Peter gewiss erschossen worden. So zumindest wurde es mir von offizieller Seite zugetragen.

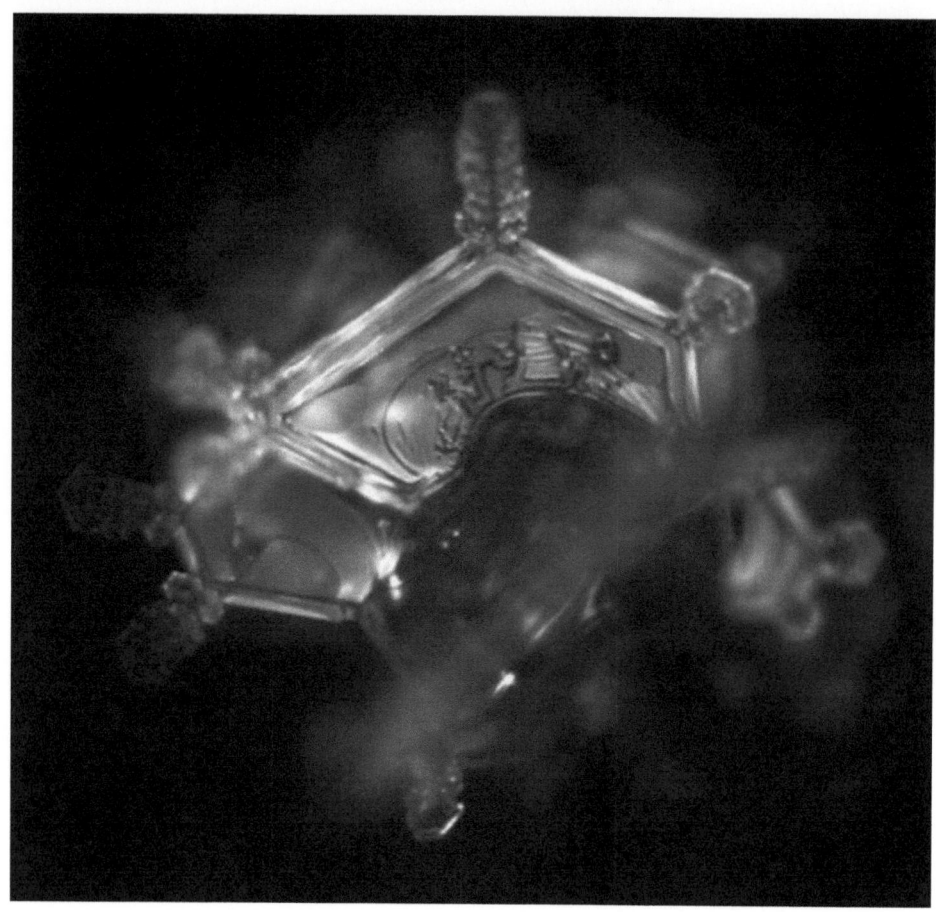

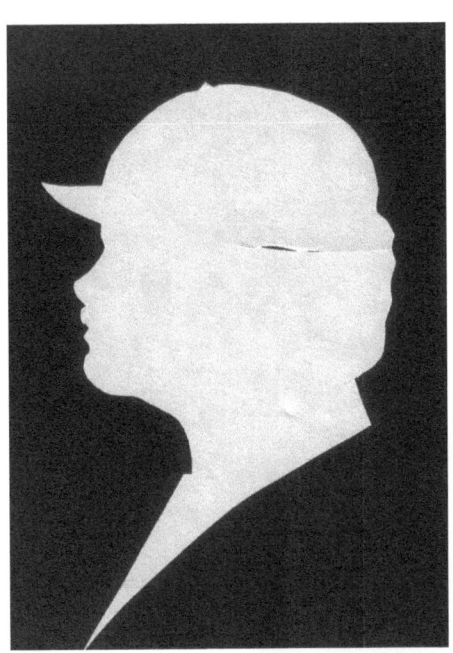

Schade, dass Peter bei diesem *Schattenbild* seinen runden Kahlkopf unter der Baseballkappe versteckt hat. Das ausgeschnittene Original passt genau in den Abbruchumriss.

Ich finde kein Profilfoto von Peter, das seine linke Seite zeigt. Aber bei dem Foto unten kann man die Einkerbung am Kinn erkennen

59

Samtpfoten-Seelensterne

Ein mit destilliertem Wasser gefülltes Fläschchen wurde für eine Weile auf das Foto von Kater Max gestellt. Vorm Energetisieren via Foto ist H_2O sehr selten in der Lage, auf gefrorenen Tropfen kristalline oder hexagonale Formen zu erzeugen. Die Anmerkung des Fotografen zu diesem Experiment: *Es scheint ein sehr spirritueller, schlauer und glücklicher Kater zu sein.* Wie recht Ernst Braun hat, können Sie weiter unten lesen.

"Die Katze ist das einzige vierbeinige Tier, das dem Menschen eingeredet hat, er müsse es erhalten, es brauche aber nichts dafür zu tun".

Kurt Tucholski

Der Inhalt des ersten WKF zeigt das Lieblingsspiel des Jungkaters: In USA ist Golf ein Volkssport. Auch wir übten uns darin: oft mit dem Putter und einem Elektrogerät, das den versenkten Golfball automatisch zurückbefördert. Dabei flitzte Max dazwischen, um ihn zu ergattern. Links blickt der kahle Peter nach links unten. Auch beim Einlochen auf dem Rasen spielte Max mit (links unten). Bei dem WKF daneben fällt mir Weisheit, inneres helles Sehen ein. Und, dass Max ein äußerstspiritueller Kater war,

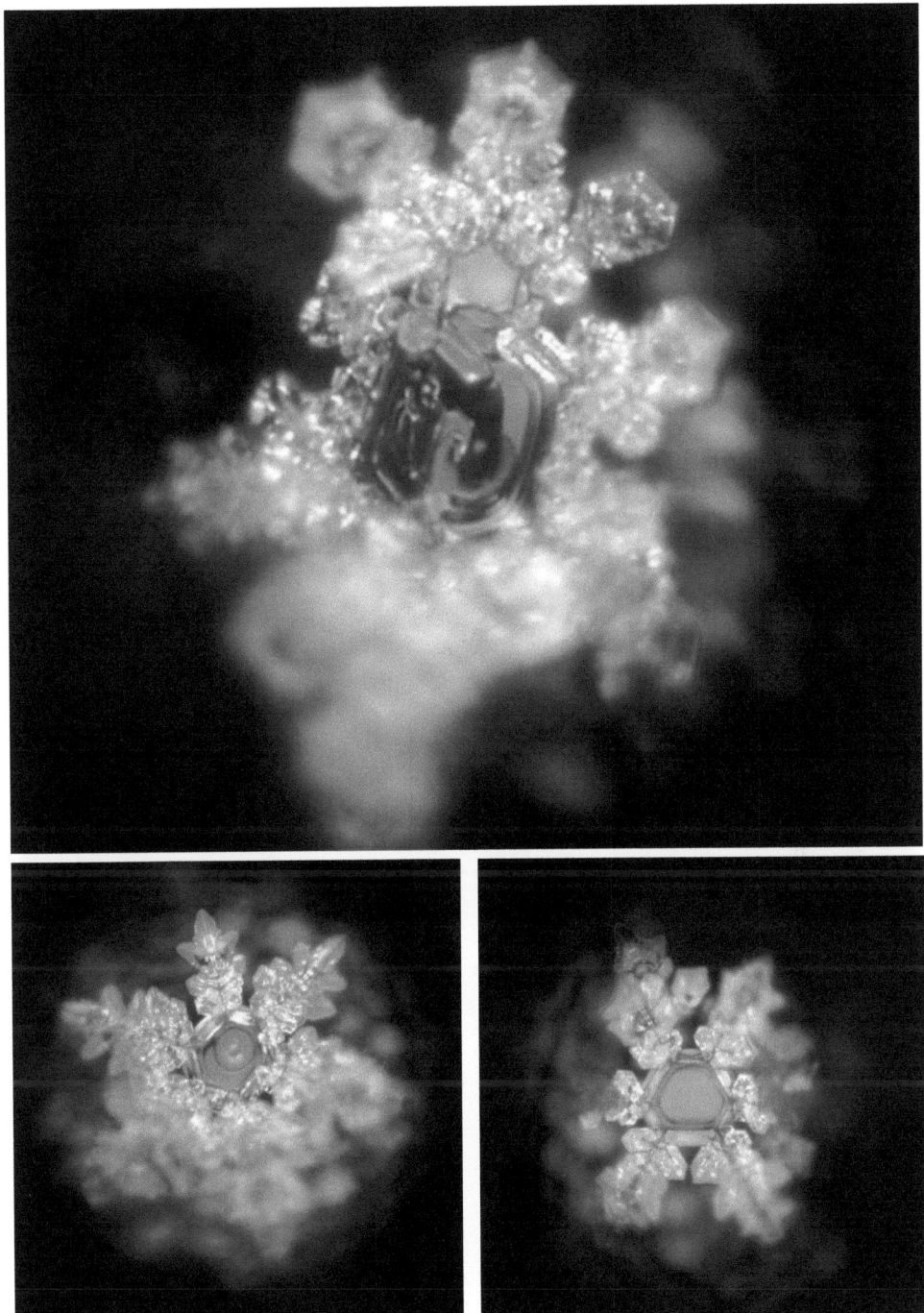

können Sie auf Seite 17 und in *Familien-Code* nachlesen. Auch hatte er es fertigge-bracht, den rüdesten Rotzlöffel von weiß gestiefeltem Graufell zu zähmen. Sebastian, der vernachlässigte Kater eines Hirnchirurgen in unserer damaligen kalifornischen Nachbarschaft, hatte nicht nur allen Artgenossen das Leben zur Hölle gemacht. So lan-ge, bis wir unseren felinen Friedensnobelpreisträger aus dem Tierheim in North Holly-wood befreiten. Irgendwann gesellte sich Sebastian lammgleich zu unseren zwei Ka-tern und einem weißen Streuner, der oft sein Gnadenschälchen bei uns lehrte. Alle schienen den neuen Revier-Guru zu respektieren, dessen schwarzes Fell mit pastoralen Akzenten und einem Hauch brauner Streifen versehen war, die aussahen, als ob ein Malerpinsel an ihm abgewischt worden wäre. Max, der sich auf keinerlei Zank einließ, strahlte die Würde eines Weisen aus. Kurz vor seinem Tod war er zu mir gekommen und hatte mir durch sein Verhalten als einziges unserer Tiere Gelegenheit gegeben, ihn bis zu seinem letzten Atemzug zu begleiten.

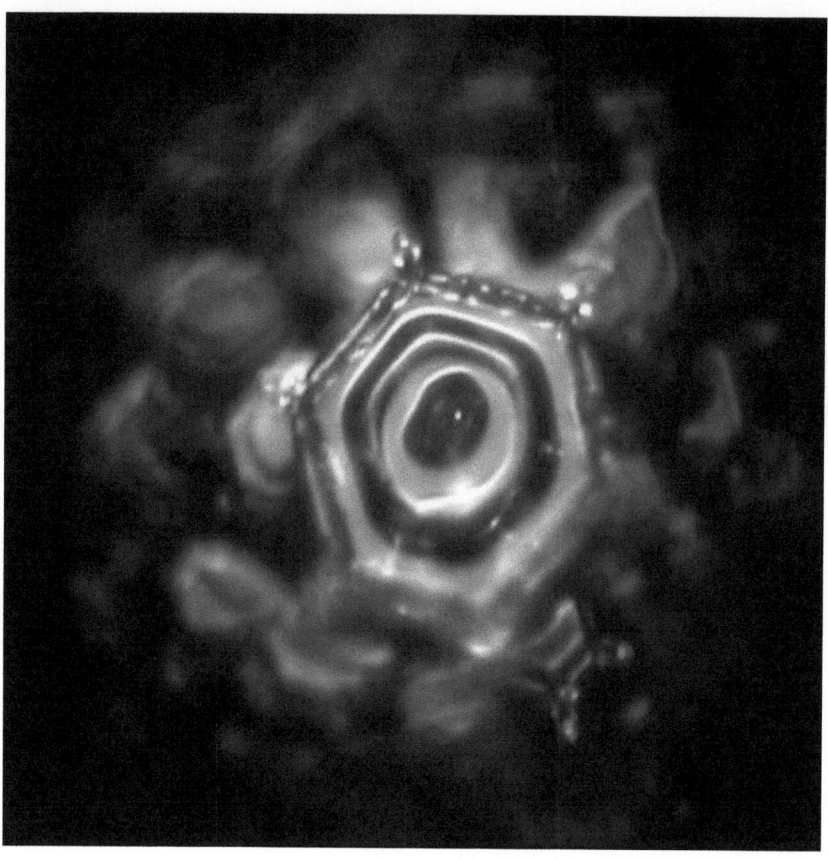

Max war eine Seele von Kater. Nie hatte er die Krallen ausgefahren. Er war liebevoller, als alle anderen nahezu zwanzig Samtpfotenwesen, denen wir in unserem 44-jährigen gemeinsamen Leben die Schälchen füllen durften. Davon zeugen zwei oder drei WKF mit Herzformen. Von Max gelangen auch ein paar mehr Fotos als üblich.

Der obige Kristall, der ein Hexagon abbildet, stellt meiner Meinung nach ein von Max beobachteter Unfall dar, in dessen Folge sein Artgenosse Micky ums Leben kam. Das WKF, das den Unfall meines Mannes zeigt (S. 74), hat eine ähnliche Schattierung und Struktur. Ich denke, diese zerschmetterten Gebilde stellen stets Unfälle dar, und wenn sie noch einen schwarzen Kreis mit weißem Punkt zeigen, wie das bei einem WKF eines verstorbenen Freundes war, handelt es sich um einen tödlichen Vorfall.

Der geteilte Kristall unten lässt die missliche Lage des Katers im Winter 2007/2008 vermuten: Er war fünf Tage lang weg und kam total geschwächt und aus allen Löchern eiternd an. Max war wohl in einem Abstellraum oder Keller in einem Nachbarhaus eingesperrt: von uns getrennt. Die Karikatur des Mannes unten links mit Brille und Linksscheitel passt auch zu dem Nachbarn, der für einige Tage verreist war. Er und Max, rechts vom Kopf, sind besser mit Lupe erkennbar. Max hat sich nie wieder ganz erholt.

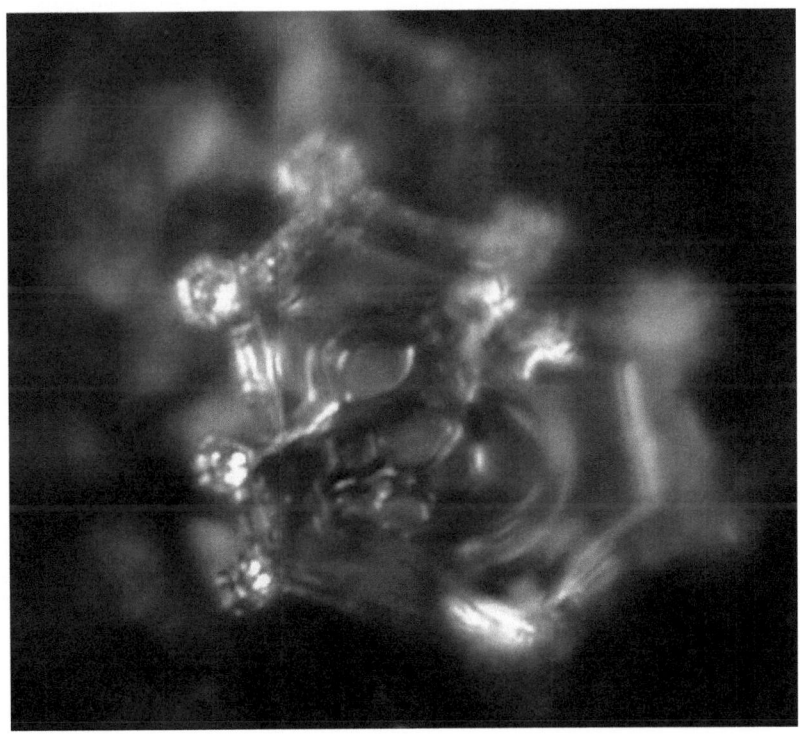

Können Wasserkristallfotos die Kristallkugel ersetzen?

Vielleicht finden Sie die Antwort auf diese Frage auf den nächsten Seiten. Oder Sie lassen sich wie gesagt die eigenen *Seelensterne* vom Himmel holen. Sie könnten zu Ihrer Unterschrift eine bestimmte Frage anbringen. Der Vorteil gegenüber der Kristallkugel ist, dass Sie beim Betrachten der Wasserkristallfotos alle Zeit der Welt haben. Sie können mediale Menschen zurate ziehen oder Ihr Höheres Selbst fragen. Siehe hierzu Kapitel *Entfaltung der inneren Führung*. Ein Tipp: Malen Sie die Wasserkristallfotos Ihrer Wahl mit Wasserfarbe, Öl oder Acryl. Das Malen entspannt und im relaxten Zustand haben wir gewöhnlich die besten Eingebungen.

Geburtstrauma und anderer seelischer Schock

Da ich Herrn Braun gegenüber nicht hinterm Berg hielt und ihm mitteilte, was ich aus meinen Seelensternen *zu lesen* glaubte, mailte er mir vier Wasserkristallfotos, die er ebenso in Anlehnung des von Masaru Emoto entwickelten Verfahrens fotografierte. Offenbar hoffte er, dass mir zu seinen Fotos auch etwas einfällt. Natürlich hatte ich wieder einmal Bedenken, nicht gut genug zu sein, nicht das richtige zu erkennen etc. eben das übliche Herzklopfen, das vermutlich die meisten von uns in Testsituationen haben.

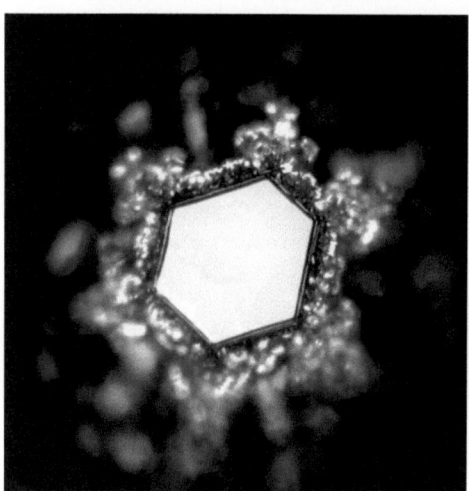 

Der Schweizer Forscher wurde zwei Monate zu früh geboren. Als 7-Monatskind erlitt er ein Geburtstrauma. Herr Braun schrieb "Schock bei der Geburt" auf einen Zettel und brachte darüber Auflösungssymbole an. Er stellte ein Glas mit destilliertem H_2O darauf und trank das informierte Nass später. Dabei schüttelte es ihn richtig durch. Nach mehreren Tagen merkte er, dass da *etwas weggegangen* war. Er wickelte das Schriftstück um ein Fläschchen mit neutralem Wasser.

Die Art der Übertragung ins Wasser glich dem Generieren der *Seelensterne*. Nach drei Tagen fotografierte Braun die gefrorenen Wassertropfen. Per E-Mail fragte er mich: „Wie haben Sie die Fotos vom Test mit dem Trauma wahrgenommen? Sehen Sie darin eine Möglichkeit einer "Informations-übertragung"?

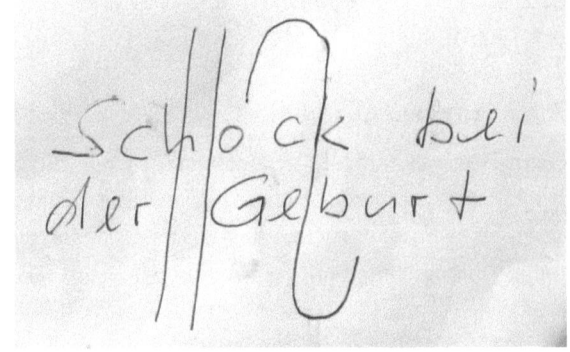

Ich betrachtete die vier Fotos der Reihe nach und schrieb zurück: „Zum 1. Foto fällt mir *freudige Erwartung/Offenheit* ein. Zum 2. *Bruch in der Beziehung* (zum Vater?). Rechts über der Bruchstelle erkenne ich ein unglückliches Herz. Das Betrachten des 3. Fotos hat lange gedauert. Es ist auch in der Form anders, irgendwas fehlt da. Es ist *etwas Mechanisches*. 4. Die *Ruhe nach dem Sturm*. Alles ist wieder gut.

Herr Braun schrieb daraufhin zurück: *„Hei, das ist ja äußerst interessant! Und es stimmt. Huch ..."*

Obgleich die Schweizer am liebsten Seelensterne fotografieren, kam Herrn Braun die Idee, ich könnte für die Leute die "Sterne lesen". Sofort meldete sich bei mir die Angst, zu versagen. Doch der Künstler meinte: *Diese Ängste haben wir ja alle. Die einen stehen dazu. Die anderen übertünchen sie mit Himbeersoße oder sonst irgendwas. Auch hier: Wen kümmert es?*

Na ja, ich denke da an so eine genierliche Erfahrung am Ende eines drei Monate dauernden Seminars zur Entwicklung psychischer Fähigkeiten. Eine Freundin hatte mich zum Mitmachen gedrängt. Ein Halbindianer und ich waren zwar die besten Spökenkieker. Aber als die Leiterin Taryn Krivé 50 Leute einlud, damit wir es öffentlich vorführen, hätte ich mir fast in die Hose gemacht (Meyer 2016). Allerdings wäre die Angst in aller Ruhe zu Hause kein Thema. Auch genieße ich gern mal das Malen von Wasserkristallen. Gedeihlicher Nebeneffekt: Es entspannt enorm, entfacht Experimentierfreude, Einfallsreichtum und schöpferisches Gestalten.

Prophezeiungen via Wasserkristallfotos?

Als ich folgenden Kristall bildlich darstellte, fand ich im relaxten Zustand beim Malen heraus, dass es sich beim Kristall Bumerang/Stiefel offenbar um eine Prophezeiung handelte, eine Nachricht für mich. Und zwar eine, die ein sehr trauriges künftiges Ereignis ankündigte.

Bumerang und Stiefel

Beim Betrachten dieses *Seelensterns* dachte ich erst an die Botschaft eines hinübergegangenen Bekannten. Denn er war in einer Gefängniszelle gestorben. Fast alles passte: der Kokon im oberen Teil des Kristalls, er in relaxter Fötalhaltung. Auch der Bumerang schien anzudeuten: Alles, was wir einem anderen antun, fällt wieder auf uns zurück. Die Zange symbolisiert eine Zwangslage, aus der man sich nur schwer befreien kann. Einzig störend das schwulstige Kniegelenk: G. war auffallend feingliedrig.

Wie gesagt, wenige Wochen später erkannte ich beim Malen, dass dieses WKF eine Prophezeiung war. Die gekrümmte Kreatur im Kokon kann nur meine Mutter darstellen: wegen der kräftigen Knie und weil sie sich in der Zwischenzeit gänzlich in ihr Schneckenhaus zurückgezogen hatte. Wir wissen nicht, warum; womöglich ein Schlaganfall nach *Schocktherapie* ihres Jugendfreundes gepaart mit einer Art Pensionsschock.

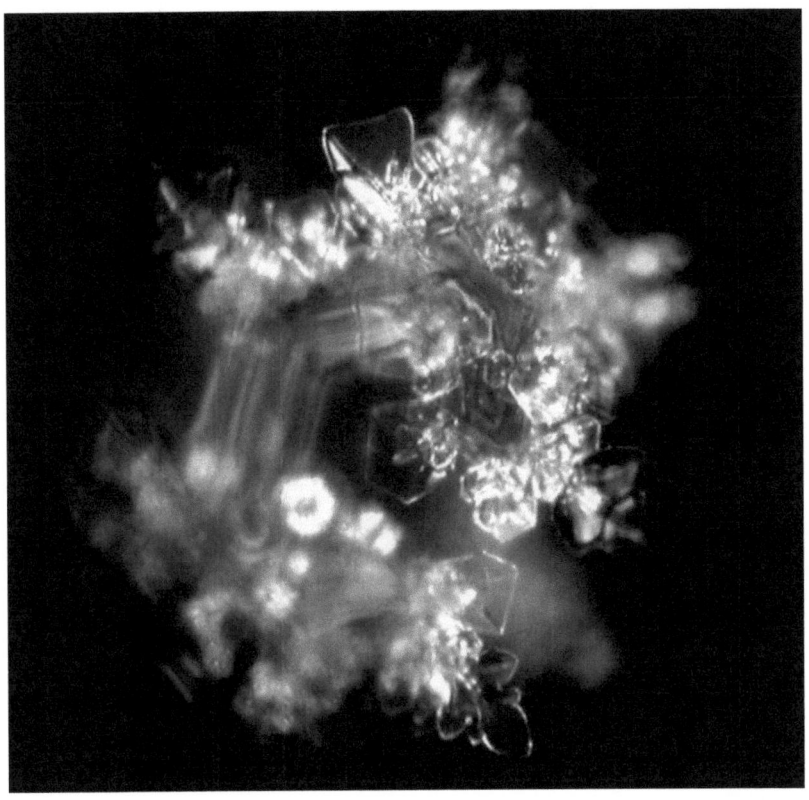

Zwei Wochen zuvor hatte sie ihr letztes Ehrenamt als AWO-Vorstandsmitglied abgegeben. Ende und Ergebnis ihres 50-jährigen sozialen Engagements: ein bebilderter Bericht im *Echo*. Es mag angefangen haben, als mein Vater 1998 starb. Mein Mann meinte, ihr größter Fehler sei gewesen, nach einem leichten Unfall das Auto und ihre Unabhängigkeit aufgegeben zu haben. Aufgrund ihrer Herzkrankheit konnte sie nur mit Mühe zu Fuß den Hügel zum Haus bezwingen. Sie war daher ohne fahrbaren Untersatz weniger flexibel, um ihre Sozialkontakte und Hobbys pflegen zu können. Mir war aufgefallen, dass meine Mutter mich ab und an aus leidvollen Augen unaufmerksam anstarrte. Ihre schleichende Depression, Kummer und Ängste schienen ihre Seele langsam aufzufressen. Als sie im Bodensatz ihres seelischen Tiefs rührte, nahm ich sie zu mir. Peter drehte wieder seine Runden am Nürburgring, sodass ich mich voll und ganz um sie kümmern konnte. Es folgten durch Fehlmedikation mit einer Droge gegen Demenz ausgelöste Anwandlungen: Mal manisch heiter, mal mürrisch mechanisch getrieben, redete sie wirres Zeug und fürchtete sich vor allem vorm Foltern. Hat Letzteres mit dem Stiefel im WKF zu tun? Man sagt: *Rede nicht so einen Stiefel.* Oder stellt es den *Spanischen Stiefel* dar? Bis vor rund 200 Jahren wurde dieses Folterinstrument verwendet, um die *Wahrheit* herauszufinden. In der Traumdeutung kündigen Stiefel mit hohem Schaft einen beschwerlichen Gang an. Letzteres traf besonders zu.

Und was bedeutet der Bumerang? Könnte das lose Mundwerk der Schwiegertochter bei meiner Mutter Ähnliches bewirkt haben, wie seinerzeit ihre eigene scharfe Zunge bei ihrer Schwiegermutter? Letztere zog sich auch völlig zurück, als sie keine respektable Rolle mehr spielen durfte. Oma Maria wanderte den ganzen Tag über die Wiese oder saß im Auto und schaute über Michelstadt. Sie war zeitlebens für uns da. Mich hatte sie gehegt und gepflegt wie eine Kammerzofe. Zwanzig Jahre später wurde sie von ihrem Sohn gewaschen und gewindelt. Als ich in Frankfurt studierend, einmal nach Hause gekommen war, engagierten mich meine Eltern als *Grannysitter.* Doch an diesem Tag war Omas sonst an den Tag gelegte Alterssenilität wie weggeblasen. Ich bat sie wie früher, mir ein Brot zu machen. Schwuppdiwupp huschte sie in die Küche und schmierte es mir. Wir schmökerten und redeten miteinander und verhielten uns wie eh und je. Hätte ich sie mit nach Frankfurt genommen …

Um sich auf den (Un)Ruhestand vorzubereiten, wäre es sinnvoll, wenn über 55-Jährige in Gemeinden Gruppen bildeten und sich regelmäßig mit gerontologisch geschulten

Supervisoren träfen. Damit könnten mancher Depression und manchem Pensionsschock vorgebeugt werden.

Wäre es nicht wunderbar, wenn es ein Schulfach gäbe, wo wir mittels Improvisation bzw. Aktionen aus dem Stegreif aufbauende Beziehungen erlernen könnten? Wir würden Toleranz und Respekt allen Menschen gegenüber entwickeln: Partnern, Eltern und Kindern gegenüber im Besonderen. Und auf die jeweiligen Lebensabschnitte vorbereitet, könnten wir Probleme eher vermeiden.

Ist Wasser souverän oder die Leinwand geistiger Maler?

Das Wasser ist souverän und hat seinen eigenen Willen. Öfters zeigt es uns Formen und Botschaften, welche nicht unseren Vorstellungen entsprechen. Wir können als Fotografen nicht viel dazu beitragen und Ihnen deshalb keine Garantie für schöne Sterne abgeben.

So sieht es Ernst F. Braun. Damit meint er: Das Wasser zeigt das, was es uns zeigen will. Die Worte des Künstlers erinnern mich an die Hellseherin mit ihrer Kristallkugel. Auch sie kann nicht gewährleisten, dass den Klienten das Mitgeteilte gefällt. Der Vorteil der Wasserkristallfotos liegt aber auf der Hand: Hier haben wir die Möglichkeit, uns selbst ein Bild zu machen. Auch wenn uns die Wahrsagerin erlaubte, einen Blick auf die Kristallkugel zu tun, würden wir vermutlich nichts erkennen. Gespannte Erwartung und Lampenfieber würden uns Ruhe und Durchblick rauben. Selbst zu Hause in aller Ruhe konnte ich auf den ersten Blick nur die schönen Bilder genießen. Episoden, Ereignisse und Wendepunkte entdeckte ich erst beim genauen Schauen.

Bis vor einigen Jahren dachte ich auch, das Wasser sei souverän. Der Titel meines Buches *Wunderwesen Wasser* zeugt davon. Aber E. Brauns Arbeit brachte mich auf die Idee, dass uns die *Toten* mittels Wasser, Kristallkugel, Teesatz usw. Mitteilungen machen wollen. Um diese Vermutung zu bestätigen, fügte ich in einem weiteren Experiment meinem Namen die Frage hinzu, ob mein hinübergegangener Vater und zwei kürzlich verstorbene Bekannte uns etwas mitzuteilen haben.

Folgend interpretiere ich die Bilder, die mir etwas sagen. Zuvor aber ein erheiterndes Erlebnis: Ich ging mit meinem Mann zur Post, um den Zettel mit der Frage an die Verstorbenen abzuschicken. In Gedanken war ich bei meinem Vater und bat ihn, mir ein deutliches Zeichen zu geben. Auf dem Rückweg fiel mein Blick auf ein Werbeplakat mit Wurstsorten. Obwohl ich sonst Wurst meide, trieb es mich in den Laden, in dem mir der nette Deutschrusse gewöhnlich sibirische Cranberrys verkaufte:

Einem inneren Drang folgend, deute ich auf eine Geflügelsalami und zwei weitere Würste. Mit voller Plastiktasche verlasse ich unter ebenso erstaunten wie erfreuten Blicken meines Mannes den Laden. Nach dem Erklimmen des Kisselbergs setzen wir uns auf den Brunnenrand zum Rasten. Plötzlich überfällt mich ein höllischer Heißhunger. Ich sage, lass uns die Salami probieren. Alle hygienischen Bedenken über Bord werfend, säbelt Peter mit dem Schlüssel an der Salami herum. Ich sage, hoffentlich kommt jetzt keiner vorbei und denke an einen Leser meiner Bücher, den ich öfters treffe. Er ist fast täglich auf Schusters Rappen unterwegs. Einen Sekundenbruchteil später eilt eben jener an uns vorbei. Ich pruste: Was ist heute los? Später, in einer ruhigen Minute fiel es mir wie Schuppen von den Augen: Hatte ich meinen Vater nicht um ein deutliches Zeichen gebeten? Ich dachte aber an eines die Wasserkristallfotos betreffend. Hatte mein alter Herr dies alles so amüsant arrangiert? Erst mir ein paar Stunden lang seine Lust auf Wurst übertragen und dann den gesundheitsbewussten Mann in dem Moment vorbeigeschickt, als ich an ihn dachte. Danke, Pa, für Deine fantasievolle Mitarbeit!

Suche nach dem Schriftwerk

Beim Öffnen der an der E-Mail angehängten Datei mit den Wasserkristallfotos strahlte mich als Erstes das reinste Seelengebilde an. Wieder empfand ich dieses Glücksgefühl, wie damals, als mein verstorbener Vater mich als Medium benutzte. Er hatte daran gezweifelt, dass wir nach dem Tod weiterleben. Ich pflegte zu sagen, Du wirst es schon erleben, gib mir dann ein Zeichen. Und welch Zeichen seiner Existenz er mir gab: Die gesamte Trauerfeier mit Chorälen und Bibelzitaten ließ er vorab in mir erklingen. Z. B. „Ich bete an die Macht der Liebe" und „Siehe ich bin bei euch alle Tage …".Jeden Morgen wachte ich mit einem anderen Vers auf. Besonders hellhörig war ich am ersten Tag. Ich hatte mir abends Gedanken gemacht, wie mein Vater gestorben sein mochte. Morgens hörte ich ganz deutlich die *Internationale* in mir klingen. Ich fragte meine Mutter, ob sie eine Erklärung dafür hätte. Sie wusste sofort Bescheid: Mein Vater war noch wach, als die Wahlnacht Ende September 1998 endete. Zum Schluss singen die Genossen gewöhnlich: „Völker hört die Signale ...". War der Hupfer, den sein schwaches Herz vor lauter Freude tat, womöglich zu gewaltig?

Nach dem Beschriften des Zettels dachte ich an den Roman, den mein Vater Anfang der 1950er schrieb. Ich wollte gern wissen, wo er ihn aufbewahrt hatte. Das Kristallinnere des WKF sieht wie ein Haus aus. Am Dach erkenne ich ein Auge, das an eine Stelle grenzt, die wie ein Riss im Dach erscheint und auf ein rechteckiges Gebilde in der langen Ecke gerichtet ist. Ich begab mich mit meiner Mutter auf den

Speicher. Sie deutete auf einen Streifen Alufolie, der über dem Dämmmaterial angebracht ist. Das könnte der „Riss" im Dach sein. Ich folgte dem Auge und ging in gebückter Haltung ganz hinten auf ein Regal zu. Ja, rief meine Mutter, da hat er sein Schriftzeug. In einem Ordner fand ich Manuskripte aus 1951. Mein Vater musste sie zu einer Agentur geschickt haben, denn diese bot ihm an: Für 12,50 Mark senden wir fünfzig Exemplare an verschiedene Verlage. Die Story „So wurde ich Schriftsteller" las ich gleich. Den Anfang enthülle ich Ihnen gern, da beim gewöhnlichen Autorenstundenlohn gemessen an den Honoraren die Aussage nach 60 Jahren noch gilt. Hier der Text meines Vaters posthum publiziert: verbunden mit dem Wunsch, das derzeit viel diskutierte Bürgergeld möge bald die Lage gebeutelter Kulturkreativer verbessern:

Er war nicht sonderlich geschickt bei seiner Arbeit an der Bohrmaschine. Nur die äußerste Not mochte ihn bewogen haben, sich in dem Werk zu bewerben. Tag für Tag legte er seine Metallblättchen in die Schablone. Und Tag für Tag kam er zu mir und ließ sich seine abgebrochenen Bohrer wieder anschleifen oder ersetzen. So lernten wir uns kennen. Das geforderte Soll hatte er noch nie erreicht. Daran merkte ich bald, dass er andere Arbeit gewohnt war. Einmal sprach ich ihn an:

„Sagen Sie mal Kollege, diese Art des Geldverdienens spricht ihnen doch auch nicht sonderlich zu. Was sind Sie eigentlich von Beruf?"

Seiner großen Sendung bewusst, erklärte er mir hoheitsvoll:

„Schriftsteller!"

Ich hatte meine Vorstellung von diesem Beruf, und so wurde mein innerer Mensch gleich um zwei Köpfe kleiner. Voll Anteilnahme fragte ich:

„Ja, warum müssen sie da als Hilfsarbeiter ihr Brot verdienen?"

„Nun, der Dichter und Denker hat in Deutschland noch nie viel gegolten. Bei uns kann der Genius verhungern, wenn er will!"

Früher droschen wir öfter Skat. Mein Vater sagte meist: Wer schreibt, der bleibt. Zwar in anderem Zusammenhang, bleiben wir nun beide. Sie mögen nun denken, ich schreibe, weil mein Vater gern Schriftsteller geworden wäre. Doch ich freue mich aufs Schreiben. Wenn ich andere notwendige körperliche Arbeiten verrichtet habe, ruhe ich mich am liebsten beim Schreiben aus. Ich habe schon als Kind Briefe geschrieben. Lesen und Schreiben sind schon immer meine Lieblingsbeschäftigungen gewesen.

Vom Karma eingeholt

Vor Jahren träumte ich von einem Freund: In schwarzem Zwirn mit schwarzem Koffer stand er vor der Tür. Wenn ich prophetisch träume, erinnere ich mich ein Leben lang daran. Ich nahm dies als Hinweis auf sein baldiges Ableben. (Gerade sah ich vor meinem geistigen Auge wieder das Bild: G. in schwarzer Hose und Weste, weißes Hemd mit Rüschen und bauschigen Ärmeln und schwuppdiwupp, ohne das Laptop zu berühren, öffnete sich Skype und beim 4 Jahre alten Videoanruf von Peter wackelt ein Smiley!!! Bei jedem Durchlesen aufs Neue!!! Wenn ich dann Leute sagen höre, man soll doch die Toten ruhen lassen, denke ich, die sollen doch erst mal meine Erfahrungen machen. Wer 44 Jahre mit seinem Gespons zusammengelebt hat, der plötzlich nicht mehr in der gewohnten Form da ist, freut sich doch, wenn er sich eine Zeitlang via PC, Telefon und TV meldet oder im Schlafzimmer/Bad erscheint bzw. seltsame Phänomene auftreten; z. B. spuckte ich heute den Ölschlürfschluck in den Putzwasser-Eimer: flächendeckend bildeten sich große erhabene Kreise!!! Die Unendlichkeit symbolisierend!)

Meine Mutter hatte vor Jahren einen ähnlichen Traum. Wenige Wochen, nachdem sich in ihrer nächtlichen Vision ihr Freund mit einem schwarzen Koffer zeigte, starb er. Bei G. dauerte es etwas länger, bis ihn der Sensenmann holte. Der klar ziselierte halbe Kristall mit dem schwarzen Mann auf der Vorseite scheint die Botschaft unseres Freundes zu sein: Er entfernte sich vom lichtvollen Leben und kehrte seiner famosen Familien den Rücken. Offenbar war er auf der Suche nach dem neuen Glück ins Verderben geraten: Denn die Geliebte vermochte ihn noch weit mehr auszunutzen, als er die Menschen um sich herum instrumentalisierte.

War der Unfall unvermeidbar?

Der Klassenkamerad unseres Nachbarn schien sein Ableben vorausgeahnt zu haben. Er fing an, Dinge zu vermeiden, die einen frühen Tod herbeiführen könnten. Sogar sein Motorrad gab er auf. Irgendwann vorm Morgengrauen war es so weit: Eine entgegenkommende Fahrerin bremste plötzlich wegen eines überfahrenen Tieres. Sie verlor die

Kontrolle über den Wagen und Matze sein blutjunges fleischliches Leben. Ich dachte erst, dass der folgende Unfall-Kristall meines Mannes von ihm gewesen wäre. Übrigens scheinen viele Menschen ihr leibliches Ende vorherzusehen. Monate vor ihrem tödlichen Unfall am 11.9.2001 erschien meiner Freundin Marita Rohde eine Frau in Schwarz in einer schwarzen Limousine. Auch mein Vater hat seinen Tod offenbar vorausgeahnt. Er legte jedes Jahr einen Ordner an. Auf seinen Letzten schrieb er aber nicht *1998,* sondern *Ende Sept. 98.* Er starb am 1.10.1998. Mein Mann machte mir in seinen letzten zehn Tagen mehr Liebeserklärungen als in den letzten zehn Jahren. Er sprach über unser schönes gemeinsames Leben, unseren Reisen durch die Kontinent und dass wir von unseren Erinnerungen zehren können.

Folgenden *Seelenstern* interpretiere ich als Peters Autounfall, weil er sich bei einem Unfall im Testwagen das linke Schultergelenk gebrochen hatte. Zumal ich im *Spiegel* zwar vage, aber doch die markanten Gesichtszüge von Michael Schumacher erkenne.

Wie gerne wäre Peter auch wie der Formel-1-Pilot ein erfolgreicher Rennfahrer geworden. Zwei Tage vor unserem oft verpassten Hochzeitstag tauchte dieses Wasserkristallfoto plötzlich auf dem Bildschirm auf, als ich 40 Seiten von seinem angestammten Platz entfernt am Buch *Wasser-Code geknackt?* arbeitete (!). Dieser Wink aus den höheren Ebenen des Seins fasste ich als Bestätigung meiner Vermutung auf.

Märchenhafte Szenen

Bei Daniels erstem Seelenstern fiel mir seine Oma ein, da er einer Schneeflocke ähnelt und sie Schnee sehr mochte. Sie hatte ihre leibliche Hülle verlassen, als Daniels Mutter 39 Jahre alt war. Offenbar beteiligen sich auch andere als die angesprochenen Seelen an unseren Experimenten. Die Zahl 39 ist im unteren Teil des Hexagons erkennbar.

Daniels weiterer *Seelenstern* sieht wie die Illustration eines Märchens aus. Ein weibliches Wesen sitzt auf dem gebeugten Rücken eines langnasigen Mannes (Symbol für Spott oder Hohn) und blickt auf eine Figur, die an das Manneken Pis erinnert. Vor 10 Jahren hatte ich sie als Baby interpretiert, aber nun ist mir die Bedeutung der in Brüssel stehenden Figur klar geworden, wie ich unten aufzeige. Links davon sehe ich eine Harlekin-Maske und darunter einen Entenkopf. Der Harlekin symbolisiert eine Figur von doppelter Natur: Gauner und Heiler, Priester und Teufel. Schamane und Spaßvogel, Artist ... (Wikipedia). Das traf in der Tat auf Daniels Vater zu. Er war ein begnadeter Osteopath, der an der Universität in Brüssel (Manneken Pis!) studiert hatte. Der Entenkopf scheint die *Lame Duck* zu symbolisieren. Als lahme Ente gilt in USA ein Politiker, der insbesondere innenpolitisch handlungsunfähig ist. So war das auch mit Daniels Vater, der sich einem zeitweisen Berufsverbot fügen musste und während dieser Zeit, getrennt von seiner Familie verstarb.

Das dunkle Tier unten zwischen Mädchen und Manneken Pis sieht wie ein Gorilla aus. Der Gorilla gilt als unberechenbar und kopflos. Daniels Mutter sagte dazu nur: Den Affen da unten kenne ich.

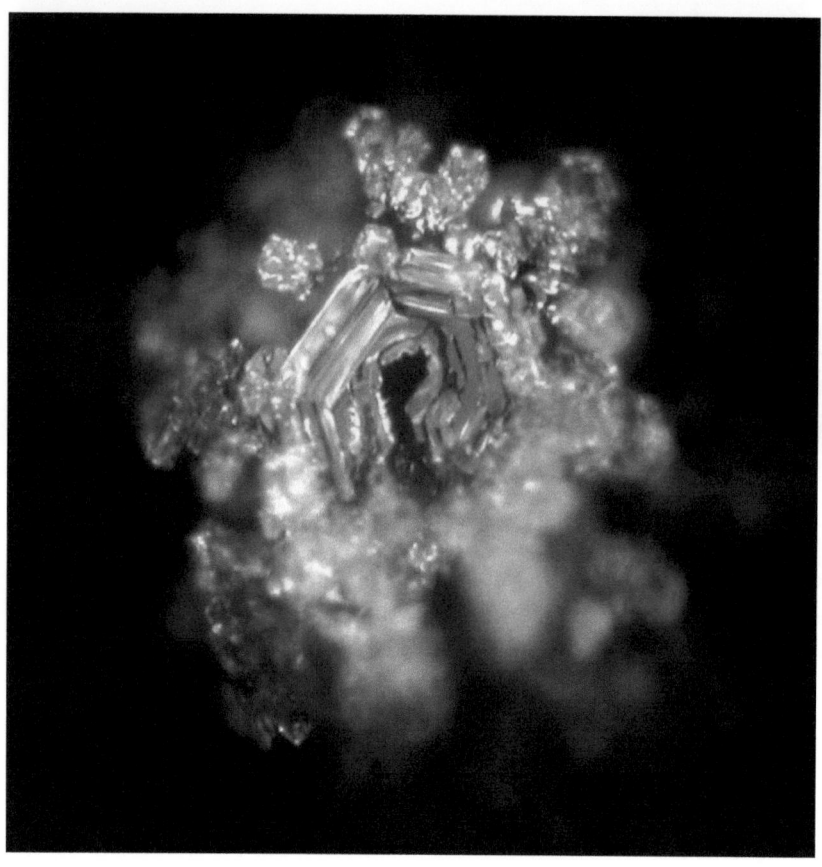

Wer sammelt so viele Kleeblätter?

Manchmal fand Daniels Mutter gleich mehrere auf einmal, meist auf unserer Wiese. Jedes Mal wenn sie über den Jägerzaun stieg, streifte ihr geschulter Blick das Grün. Wenn sie mir Bücher lieh, fand ich oft ganze Bündel getrockneter vierblättriger Kleeblätter darin. Das WKF auf der nächsten Seite, das E. Braun für Daniels bezeichneten *Seelenstern* hielt (ich dagegen den auf Seite 79), zeigt deutlich ein vierblättriges Kleeblatt. Außer Daniels Mutter kenne ich keine Person, die so ausdauernd beim Suchen dieser Glücksbringer ist. Deshalb gab es gleich zweimal ein Kleeblatt für ihn.

Der Seelenstern seiner Schwester darunter zeigt auch ein Kleeblatt. Trägt sie oder ihre Mutter das vierte, viel größere Blatt als Last auf ihrem Rücken? Handelt es sich dabei um Karmalogie? Es ist eher Daniels Mutter, die trotz des 4. Kleeblatts ein schweres Schicksal zu tragen hatte. Ich kann das jetzt nach dem plötzlichen Tod von Peter viel besser nachvollziehen als vor 10 Jahren.

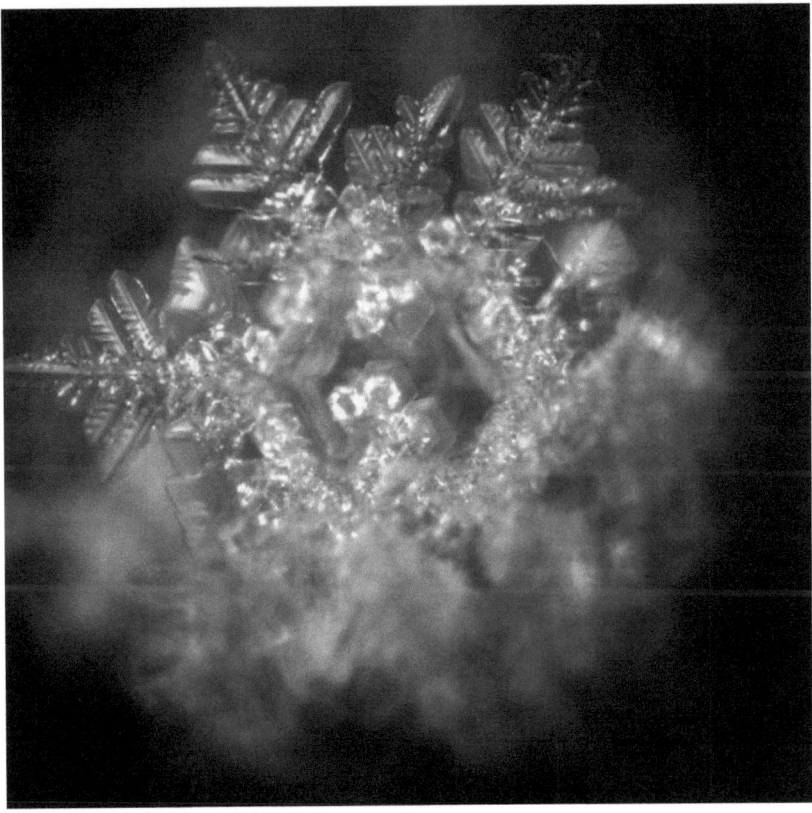

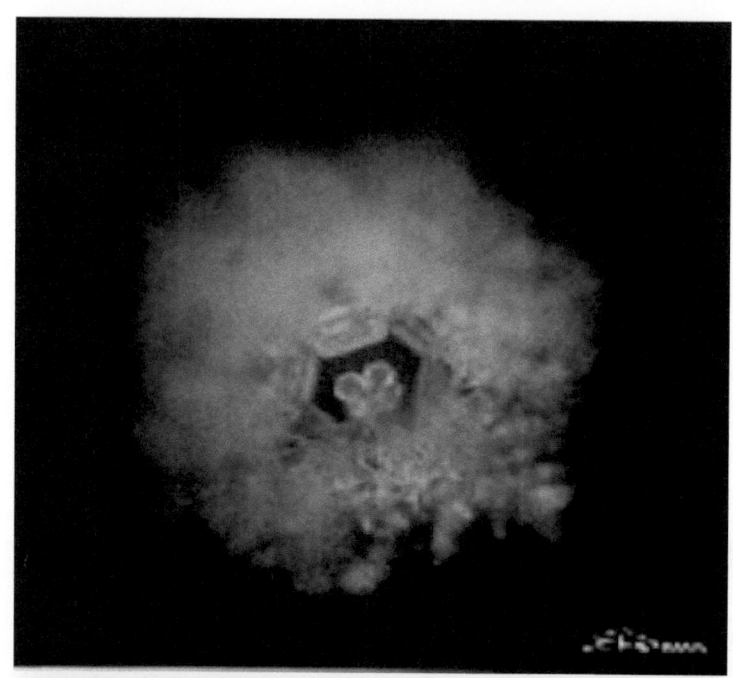

Die Dose der Pandora

Wegen der grünen Farbe und chromosomenähnlicher Gebilde dachte ich beim WKF unten an Daniels Interesse für Biologie und Medizinforschung ein. Als Erstes fiel mir ein: Hoffentlich hat es nichts mit Gentechnik zu tun. Vergegenwärtigen wir uns, wie einst die Mehrheit unseres Volkes Genmanipulation instinktiv und eindeutig ablehnte. Ist das öffentliche Bewusstsein nach Jahren gezielter Gehirnwäsche immer mehr abgestumpft gegenüber der ursprünglich rigorosen Ablehnung der das Leben bedrohenden Techniken? Wenn heute, wie bei Spiegel Online am 28.2.2018 berichtet, Barbra Streisand ihren Hund gleich doppelt klonen ließ, wer garantiert uns, dass künftig andere Stars keine menschlichen familiäre Lieblinge klonen? Wiederholt sich Geschichte wieder einmal? Bitten wir besser, dass wir den Frankensteins der Welt ihr gefährlich wirres Wirken bewusst machen können. Sonst kann es passieren, dass wir schon bald wieder vor fliegenden Monstren fliehen müssen und löwenbeleibte Menschenköpfe nicht nur steinern in Ägypten bestaunen dürfen. Muss sich denn alles wiederholen?

Aufgrund unserer Hörigkeit gegenüber Institutionen haben wir nur ein schwammiges Bewusstsein von richtig und falsch. Statt auf Medien, Behörden oder Wissenschaften hören wir besser auf unsere innere Stimme und besinnen uns auf unsere ursprünglichen

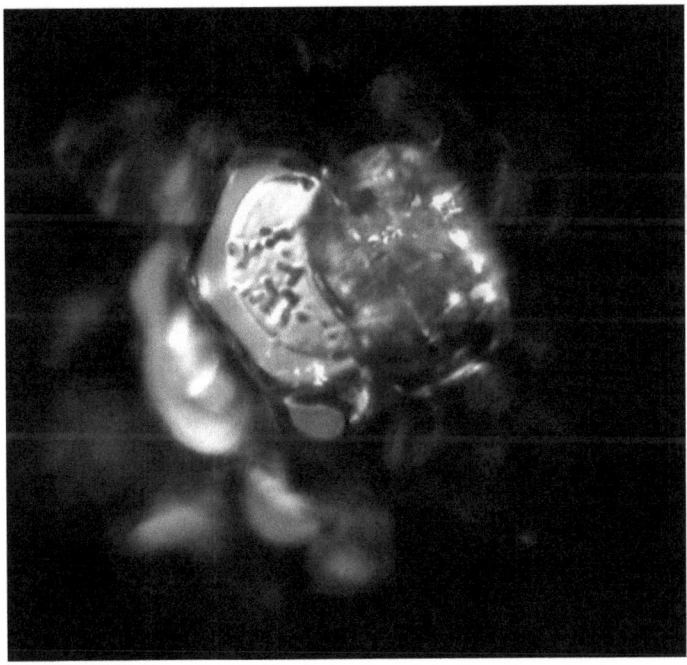

Gefühle gegenüber gesundem Leben. Setzen wir besser aktiv dem massiven Gefahren-potenzial etwas entgegen, um größeren Schaden abzuwenden. Wir können natürlich auch unsere Macht als Konsumenten nutzen!

Daniel hat es wie sein seliger Vater mit Knochen zu tun. Er ist jedoch Zahnarzt ge-worden. Dieses WKF ähnelt ein bisschen jenen, die Unfälle anzeigen ... oder Schmer-zen? Bei diesem Beruf kann auch beides zutreffen.

IV. DIE KRAFT DES KOSMOS NUTZEN

Analog zum Mikrokosmos Mensch arbeitet der Makrokosmos Universum. "Wie im Himmel, so auf Erden", heißt es in der Bibel. Was oben schwingt, schwingt unten mit. Alles dem Mikrokosmos Mensch Fehlende ist im Makrokosmos All vorzufinden. Wie weiter oben dargelegt, potenzieren Homöopathen Wirkstoffe, um den Kranken diese fehlenden Informationen einzuverleiben. Dabei ist es notwendig, die Wirkstoffe von Pflanzen, Mineralien oder Tieren von ihrer leiblichen Erscheinungsform zu lösen. Die aus der materiellen Bindung befreiten Informationen koppeln AlternativmedizinerIn-nen an geeignete Informationsträger (Aqua marina, Alkohol, Milchzucker), um sie wei-terzugeben zu können. Je öfter sie verschütteln, desto mehr wird das Wesentliche der Pflanze aus der materiellen Gefangenschaft erlöst, und umso kraftvoller kann sich die Information im nicht materiellen Raum entfalten.

Bewusstseinsfelder – Brücken ins Jenseits

Wir sind alle durch das universelle Feld des Bewusstseins miteinander verbunden. Wie das funktioniert, mache ich Ihnen an einem Beispiel deutlich. Eines Abends vor Pfings-ten, es ist etwa zwölf Jahre her, rief ich meine Mutter an und sagte: Wir gehen jetzt mal ins Städtchen. Sie war schon gewandert, fragte aber nach unserer üblichen Route: Ge-müsetürke - Rathaus - Lindenplatz. Als wir den Berg herunter waren, sagte Peter, ach lass uns mal zum großen Platz an der Bundesstraße gehen. Zu Pfingsten wird hier noch der Bienenmarkt gefeiert, da meine Mutter als Stadtverordnete vor Jahren gegen seine Abschaffung stimmte. Als wir um die Ecke zum Festplatz bogen, sah ich Letztere lo-ckeren Schritts näherkommen. Sie sagte: Eigentlich wollte ich zum Rathaus gehen. Aber plötzlich zog es mich in diese Richtung. Sind wir durch zahlreiche dimensionale Felder mit unseren Lieben im Jenseits verbunden? Könnte mein Vater, wie damals als er seine Trauerfeiervorbereitung durch mich traf, das Treffen orchestriert haben? Hat er etwa Schwingungen von Geräuschen in etwas umgewandelt, was meine Mutter fühlen konnte? Oder hat er ihr telepathisch einen Wink gegeben? Können Haustiere so auch ihre Tausende Kilometer entfernte Heimat wieder finden? Tiere haben ja wie wir Seelen. Nur so macht das Phänomen überhaupt Sinn: Tierliebende Verstorbene oder Hundeseelen bzw. Samtpfotenwesen im Jenseits helfen ihren Artgenossen im Fleisch, so wie unsere Heimgegangenen uns ab und an auf den rechten Weg führen.

Wasser und die Wiederauferstehung des Lebens

All das Nass im 3-Pfünder Fleischstück namens Gehirn lässt die Frage aufkeimen: Wer oder was denkt? Ist oder spiegelt H_2O Bewusstsein? In Weltreligionen ist es oft heiliges Symbol zum Übermitteln geheimnisvoller Lebenskraft. Doch die Inquisitoren im Mittelalter schienen in der edlen Energie hochsensibler Menschen eine abgrundtiefe Gefahr zu wittern: Daher wurden zu reich mit heiligem Wasser Gesegnete mit Feuer ausgelöscht. Dabei wäre es ein Segen für unseren Ernährerplaneten, wenn sorglos militanten Regenten bewusst wäre, dass sie im nächsten Leben damit rechnen müssen, die Lage Ausgebombter kennenzulernen. Auch wenn Umweltsünder wüssten, im künftigen Leben in der verpesteten Umwelt ersticken zu müssen oder Vergewaltiger und Kinderschänder im nächsten Leben selbst geschändet werden bzw. an perverse Peiniger geraten: Auge um Auge, Zahn um Zahn. Ob es wirklich so ist, mag hier irrelevant sein. Es wäre ein Weg, von der Gesinnung *nach mir die Sintflut* wegzukommen.

Wir sind in der Regel voreingenommen, wenn uns die erkennende Erfahrung Anderer abgeht. Doch seit meinem Gang über glühende Kohlen weiß ich: Alles ist möglich (Meyer 2016). Wir alle können, ob selbst oder durch geistige Hilfe, unsere Schwingungsfrequenz erhöhen und sogenannte Wunder vollbringen.

Die Wiedergeburt ist für Voltaire nicht verwunderlicher als das einmalige Geborenwerden. Viele weitere berühmte Männer, die sich als Philosophen, Wissenschaftler und Künstler einen Namen machen konnten, befassten sich mit der Seelenwanderung zum Zwecke der Läuterung. Zu diesen gehörten u. a. Sokrates, Pythagoras, Aristoteles, Cicero, Caesar, Michelangelo, Platon, Friedrich der Große, Kant, Goethe, Fichte, Hegel, Schopenhauer, Wagner, Nietzsche, Schweitzer, Heine, Edison, Einstein und natürlich C.G. Jung. Auch das frühe Christentum glaubte an Reinkarnation, wie schon die Hindus und Buddhisten mehrere Jahrhunderte v. Chr. Doch einige Hundert Jahre nach Christi Geburt kamen Kirchenfürsten darauf, dass die Reinkarnation weniger gut fürs

Geschäft ist, da sie Selbstverantwortung und Unabhängigkeit einschließt. Daher prangerten sie die Wiederverkörperung der Seele in einem anderen Körper an und wiesen sie vonseiten der Kirche zurück. Zur Rettung der Menschheit und unseres Planeten wäre es heute aber höchst angebracht, sie wieder einzuführen. Denn, wie gesagt, würden wir fest damit rechnen, dereinst in einem anderen Körper wieder ein Leben fristen zu müssen, würden wir sicherlich pfleglicher mit unserer Umwelt umgehen.

Aufgrund der Menge wissenschaftlich geprüfter Reinkarnationsfälle kann das mehrfache Erdenleben kaum ignoriert werden. Da ist der weltweit bekannte Fall der Inderin Shanti Devi: Ihre Erinnerungen an vorige Erdenleben erwiesen sich als exakt. Zahlreiche weitere Fälle brachten erstaunliche Ergebnisse. Diese erreichten im Bereich der Parapsychologie Autoritäten, wie der Psychoanalytiker C.G. Jung, der Physiker Oliver Lodge, der Psychiater Morris Netherton, der Parapsychologe Hans Bender, der Internist John Björkhem, u. a. Allein Dr. Björkhem sammelte 600 Fallstudien: Z. B. spricht eine englische Sportlehrerin unter Hypnose in altägyptischer Mundart und eine Amerikanerin eine 1000 Jahre alte, fast vergessene orientalische Sprache. Ein Mann, der nie Fremdsprachen lernte, schreibt unter Hypnose in 28 Sprachen (Netherton und Shiffrin 2005).

Im Laufe unseres Lebens verändern wir unsere Form und verlieren immer mehr Wasser. Verlassen wir unseren Körper dereinst, um in einer anderen Dimension weiter zu existieren, nimmt die Erde unser Nass wieder auf. Durch den Wasserkreislauf erfahren wir: Nichts vergeht. Wasser kommt seit Urzeiten in riesigen Schneebällen aus dem All, verbindet sich mit Wolken und regnet herab, um die Gewässer zu speisen. Oder wie würden Sie die Fotos einer NASA-Raumsonde aus 1996 interpretieren? (Der Link unter dem Foto führt Sie zu einem weiteren Foto vom Mai 1997.) Aber wie fing alles Leben auf der Erde an? Wer hat den Planeten begrünt? So wie heute Menschen den Mars begrünen wollen, könnte er seinerzeit auch von Außerirdischen durch fossile Blaualgen begrünt worden sein. Es ist bekannt, dass die Einzeller mittels Sonnenlicht Wassermoleküle spalten, um von den umgebenden Gasen ihre eigene Nahrung zu erzeugen. Kohlendioxid verarbeiten sie zu Kohlenhydraten, Stickstoff zu Aminosäuren und Protein. Dabei setzen sie Sauerstoff frei und schaffen ein lebensfreundliches System für Aerobier. Cyanobakteria bilden ein Recyclingsystem mit Menschen und Tieren, da diese Sauerstoff benötigen und Kohlendioxid freisetzen. Sie waren wohl auch das *Manna,* mit dem die Israeliten in der *Wüste* gespeist wurden (Meyer, 2016). Ich finde den Gedanken gar nicht so abwegig, dass Menschen, die Spirulina vehement ablehnen oder allergisch dagegen reagieren, Wiedergeborene jener angeblich 40 Jahre in der Wüste

https://apod.nasa.gov/apod/ap970530.html

umherirrenden Juden sein könnten. Nach 40 Jahren Blaugrünalgenkost könnte einem der Appetit ja auch vergangen sein. Wie wäre es mit einer Rückführung für alle, die Spirulina nicht vertragen? Vielleicht käme heraus, dass sie Opfer eines ET-Experiments waren. Das würde auch die Dauer des Aufenthalts und die sonderbar unversehrten Kleider erklären; auch das gestohlene Gold: *„Hebeopfer für den HERRN".*

Schwingungen & Resonanz – Wir sind was wir denken

Was wissen wir über die Schwingungen des Geistes? Sie haben eine Wellenlänge und sind von Mensch zu Mensch verschieden: wie der Fingerabdruck. Senden wir gute Schwingungen aus, geschehen uns gute Dinge. Unheilvolles Schwingen zieht Unheil an. Sind wir lebensfroh und dankbar, laden wir gute Laune im Sinne der Resonanz ein. Wir ziehen also an, was wir aussenden und bekommen das, was wir geben. Oder: Wie wir in den Wald hineinrufen, hallt es zurück. Nörgeln wir und beklagen uns, gibt es für uns noch mehr Grund zum Jammern. Zwar hilft es zum besseren Verständnis, die eigene Meinung zu äußern, doch wäre es höchst hinderlich für eine gute Beziehung, wenn wir dem Gegenüber damit Pein oder ein schlechtes Gewissen bereiteten. Nach dem Resonanzprinzip wäre es optimal, den Ton anzuschlagen, den wir selbst hören wollen. Oder wie Kant es in seinem kategorischen Imperativ formuliert: *Handle nur nach derjenigen Maxime, von der du zugleich wollen kannst, dass sie ein allgemeines Gesetz werde.* Meine Mutter sagte mir mal vor vielen Jahren, dein Hals ist aber auch schon runzlig. Damals dachte ich nur, wozu sagt sie mir das, will sie, dass ich mich schlecht fühle? Erst als ich nach einer Meditation uns in einem vergangenen Leben interagieren sah, wurde mir der Grund für ihr Verhalten klar. Sie war eine schöne vollbusige Konkubine, die mich ständig hänselte, vor allem wegen meiner Größe. Ich würde für einen römischen Legionär eine lächerliche Figur abgeben. Einmal brachte sie mich so zur Weißglut, dass ich ihr mit einem kräftigen Hieb meines Schwertes die Brustspitzen abtrennte. Ich vergrub die Waffe im Sand und suchte das Weite. Das hat offenbar mit der Schattenfrequenz Gewalt zu tun, die ich im 20. Genschlüssel der Evolution und im 34. des Lebenswerkes habe (siehe S. 105). In diesem unserem gemeinsamen Leben hat sich meine Mutter unbewusst gerächt, indem sie mir fast immer nur Dinge schenkte, die mir nicht gefielen. Als ich mit ihr über dieses vergangene Leben sprach und ihr sagte, dass das einzige Geschenk, über das ich mich je riesig gefreut hätte, der Waschleder-Trenchcoat mit der Ballonmütze war, den sie mir von ihrem Türkei-Urlaub mitgebracht hatte, sagte sie: Den hat ja auch Mike ausgesucht.

In meinem Fall kann ich also das Verhalten meiner Mutter erklären. Ich habe sie in einem früheren Leben schwer verletzt. Im derzeitigen Leben liebte sie mich zwar, aber unbewusst zückte sie öfter mal symbolisch das Schwert. Wenn aber eine Tochter nicht wie ich die 60. Siddhi im hologenetischen Profil aufweist und keine früheren Leben erinnern kann, führt so eine dahingesagte Kränkung zu der Frage, warum verletzt sie mich immerzu?

Gedanken und Gefühle erzeugen also Schwingungen. Wir sind, was wir denken. Glauben wir, Gott sei die totale Liebe und in uns, wird dieser Glaube unser Verhalten prägen. Glauben wir, unser Schicksal sei es zu leiden, schaffen wir uns Leid.

Das folgende Kapitel zeigt, wie Sie ihre Schwingungen harmonisieren und ihre Seele formen können.

Mit Schwingungsharmonie optimale Entscheidungen treffen

Wir können unsere Schwingungen bewusst harmonisieren: durch Atemübungen und Seelenformung. Lassen wir uns von unserer Seele lenken, folgen wir dem Elementarwillen oder dem goldenen Pfad. Dann leben wir im Einklang mit der Schöpfung und sind im Gleichklang mit den unbewussten Regulierungs- bzw. Selbstheilungskräften der Seelenenergie. Dann erkennen wir unsere Antriebskräfte und wissen, wie wir sie umsetzen können. Wir finden unsere Leitlinie im Leben und folgen ihr selbstsicher im

Vertrauen auf unsere innere Autorität bei Entscheidungen. Wir entwickeln einen Masterplan, der zu mehr Erfüllung und Erfolg im Leben führt.

Wie gehen wir mit Problemen um? Atmen wir ruhig und tief durch, harmonisieren wir den Atemrhythmus. Die ungehemmten Schwingungen richten wir nun, wie bei einer Brennlinse die gebündelten Lichtschwingungen, auf die Stelle der Störung. Damit fordern wir das Streben der unbewussten Steuerkräfte nach Schwingungsharmonie heraus. Dies leitet das momentan Optimale in die Wege. Betrachten wir nun ein Problem auf unserem inneren Bildschirm, ohne es aufzugreifen: Ohne zu grübeln, gestatten wir uns gleich einen angenehmen Gedanken. Egal ob wir an ein glückliches vergangenes Ereignis denken oder im künftig erwarteten Glück schwelgen: Wichtig ist, dass wir unser Fühlen auf Fröhliches konzentrieren und Probleme erst mal ausklammern. Denn, wenn wir in einer frohen Stimmung sind, können wir uns frei von Furcht, Zweifel und störenden Gedanken mit unseren Schwierigkeiten befassen. Lassen wir uns also Liebenswertes und Lobenswertes empfinden, Herzliches und Hilfreiches, Wesentliches und Wertvolles. Wir brauchen es nicht mal selbst erlebt zu haben, da wir alle durch die Seelenenergie verbunden sind. Es reicht, einzelne Menschen zu bewundern und uns über ihre Erfolge zu freuen. Oder wir freuen uns im Voraus auf die Zeit nach dem Lösen des Problems. Wir skizzieren also ein Bild in unserer Seele, das als Schablone für die Formung der Seelenenergie herhält. Wenden wir unser Bewusstsein dem Wonnigen zu, denn in der erhebenden Stimmung wird die Seele den Ballast bearbeiten.

Wir leben sorgenfrei, sofern es uns gelingt, unsere Gedanken abzuschalten und zugleich unsere Wünsche zu stillen bzw. zu überwinden. Der Arzt und Weisheitslehrer Dr. Nobuo Shioya, der 106 Jahre alt wurde, hinterlässt uns drei einfache Regeln für ein optimales Leben: 1. Alles positiv betrachten. 2. Nicht nörgeln. 3. Die Dankbarkeit nicht vergessen.

Das WKF auf S. 16 betrachtend, würde ich noch eine Regel bzw. einen Rat hinzufügen wollen: Mitunter ist es besser, wenn wir uns von Partnern trennen, bevor der nach Schwefel stinkende Pferdefuß aufstampft.

Sind wir fähig, die Seele zu programmieren?

Ja! Auf einer Entdeckungsreise ins Unbewusste entwerfen wir unsere Eigenschwingungen. Auch das Seelenfeld um uns herum schwingt mit. In Resonanz mit der Allseele fühlen wir die Harmonie.

Das Formen unseres Seelenfeldes dient der Erfüllung unserer Wünsche. Dabei sorgt die Seele für die eigentliche Verknüpfung mit den anderen Feldern. Sie arbeitet ohne unser bewusstes Eingreifen. Nachdem wir uns wie oben erwähnt in ein Wohlgefühl eingestimmt haben und das wohlgestimmte Feld unserer Seelenenergie spüren, verlagern wir es zum Ort der Wunscherfüllung. Wünschen Sie sich etwa eine Weltreise, wäre Ihr Verstand womöglich mit dem Ausklügeln von Geldbeschaffungsmaßnahmen beschäftigt. Doch die Seelenprogrammierung sieht anders aus: Das Energiefeld Ihrer Seele strahlt nur aus, dass Sie die Welt sehen werden. Sie erleben innerlich eine Situation, die in der Tat eintreten könnte und sollte. Wir verankern vorab eine mögliche Wirklichkeit in unserem Seelenfeld bzw. formen es. Unsere Seele übernimmt dieses Muster als Realität, speichert sie und schlüpft in die neue von uns vorgegebene Form. Durch Seelenprogrammierung kommen wir auch mit anderen Vorhaben voran: z. B. eine Stelle ergattern oder den richtigen Partner finden. Somit steuern wir auf unserem Lebenskurs in Richtung optimaler *Zufälle*. Doch wir brauchen gar nichts Bestimmtes zu wollen. Klar sind wir von Hoffnungen und Wünschen erfüllt und bestrebt, den richtigen Weg zu unserer Selbsterfüllung zu finden. Dies gelingt, wenn wir einfach in froher Erwartung leben und unsere Mitmenschen mit unseren Talenten erfreuen. Wenn wir nämlich nach unserer Passion mit wahrer Freude arbeiten, ist das schon Belohnung. Was ist das anderes als Erfüllung bzw. Glück?

Entfaltung unserer inneren Führung

Wesentlich für unser Leben ist, dass wir in Harmonie mit unserer Umwelt und der Energie des Universums leben. Intensive Gefühle des menschlichen Geistes lösen geistige Energiewellen der Kreation aus, die dann verstärkt fungieren. Durch unsere Vorstellung haben wir die Wahl, Resignation und Wut oder Zuversicht und Sanftmut zu realisieren.

Es mag uns nicht bewusst sein, aber unser Geist hat durch den Anschluss an die kosmische Energie, durch das Gesetz der Anziehung, großen Einfluss auf die Welt. Das bedeutet: Wir tragen Verantwortung und tun gut daran, nach Tugend und Gerechtigkeit zu streben. Lassen wir uns von unserer inneren Weisheit leiten, ändern wir wie von selbst, was unehrenhaft ist. Unser Höheres Selbst, also der unsterbliche Wesensteil in uns, leitet uns wie vorgesehen. Einfach nur fragen!

Versetzen Sie sich rasch in einen Alpha-Zustand: bequem hinsetzen, Augen schließen, tief in den Bauchraum ein- und kräftig ausatmen, alle Muskeln lockern. Der Kiefer hängt, die Augen sinken tief in die Höhlen. Jetzt können Sie Ihr unbegrenztes Selbst alles fragen. Die Antworten kommen in Form von Gedanken.

Was können wir von Kindern lernen?

Was die körperlichen Funktionen betrifft, mögen wir uns dem Schöpfungsideal genähert haben. Doch bezüglich der spirituellen Ebene wäre es höchste Zeit, sich auf den Weg zur vollendeten Form zu machen. Kinder können uns dabei helfen, den Kurs zu halten. Ihre Authentizität und Unvoreingenommenheit kann uns leiten. Wir brauchen nur auf ihr Verhalten und ihre Worte zu achten. Manchmal erzählen sie uns von ihren imaginären Freunden. Mein Großneffe Moritz berichtete im Alter von 3 bis 4 Jahren über seine Erlebnisse mit einem Christian. Doch weder im Kindergarten oder in der Nachbarschaft noch im Bekanntenkreis gab es einen Christian. Wir Verwandte wissen nur von einem im Russland-Feldzug gefallenen Onkel meines Vaters namens Christian. Vor zwei Jahren fing Jonas, der jüngere Bruder von Moritz an, von einem Simon zu erzählen. Auf Befragen, wer das denn sei, sagte er, das ist mein Bruder, der vor 5 Jahren gestorben ist. Ein Jahr später fragte ich Jonas, ob er Simon noch treffe. Auf sein Bejahen fragte ich noch mal, wer das sei. Jetzt sagte er, das ist mein Bruder, der vor 6 Jahren gestorbenen ist. Meine Nichte hatte zu jener Zeit einen Fötus verloren. Das bedeutet offenbar, dass auch ungeborene Kinder sich in den höheren Dimensionen weiter entwickeln und sich ihren fleischlichen Verwandten anschließen. Wäre es möglich, dass sie uns dereinst den Weg ins Licht weisen? Ich freue mich schon auf meine Kinder. Den Jungen, den ich Jan Jasper nannte, hatte ich kurz nach der Empfängnis in einem Traum gesehen. Er wäre heute 30 Jahre alt. Ich hatte diese Fehlgeburten wohl wegen all der Röntgenaufnahmen, die ich in einer Durchgangsarztpraxis als Arzthelferin machen musste. Meiner Schwiegertochter, die ebenfalls bei einem Orthopäden als Arzthelferin Röntgenstrahlen ausgesetzt war, ging es ebenso.

Ende der 1980er handelte eine *Phil Donahue Show* in den USA von einem Mädchen, das auf dem Operationstisch für klinisch tot erklärt worden war. Seine Seele kehrte aber in den Körper zurück. Das Kind beschrieb einen herrlichen Garten, in dem sie von ihrem Bruder und ihrem Hund begrüßt wurde. Der Chirurg wunderte sich, da er wusste, dass das Mädchen ein Einzelkind war. Die darauf angesprochene und über alle Maßen überraschte Mutter sagte, dass sie vor ihrer Tochter einen Sohn zur Welt gebracht hatte, der aber kurz nach der Geburt gestorben war. Sie hatten dies ihrer Tochter gegenüber nie erwähnt.

Meine Mutter sagte, ich hätte bereits im Alter von zwei Jahren ganz klar über gewisse Dinge gesprochen, die sie aber nicht verstand. Früher wurden Kinder oft verlacht. Ihnen wurde nahegelegt, nicht so zu fantasieren. Doch heute scheinen viele Weisheit und Wahrheit weniger zurückzudrängen. Eltern fragen nach den Wesen, die sich ihren

Kindern anschließen. Mehr Menschen wenden sich dem Metaphysischen zu. Sie lernen von Kindern, sensibler zu werden für Wahrheit und Unwahrheit.

Wir können alle lernen, Angst zu überwinden und Selbstwertgefühl zu entwickeln. Die Wasserkristallfotos von Ernst F. Braun können dabei helfen, unsere Furcht in Ehrfurcht zu verwandeln. Wenn wir deren Botschaft verstehen, werden wir den kosmischen Kräften bzw. unserer Seele vertrauen.

Wasser – Mittler zwischen den Welten

Kommen wir mit den Kräften des Kosmos in Berührung, kann sich das zu einer spannenden und unendlichen Aufgabe entwickeln. Wind, Wellen, Wirbel, Wasser: Was wissen wir überhaupt von den Naturgesetzen? Was bedeuten Goethes Worte: *Seele des Menschen, wie gleichst Du dem Wasser! Schicksal des Menschen, wie gleichst Du dem Wind!* Wie schon erwähnt, kann Wasser sich in jede Form ergießen, ohne dabei seine Wesenheit zu verlieren. Ob fest, *flüssig* oder gasförmig, leitet es elektrische und feinstoffliche Energien. Wir sind elektromagnetische Wesen und wissen aus Erfahrung, wie das mit Blitzen und ihren Entladungen ist. Weniger bekannt ist, dass Wasser auch als Sender und Empfänger also Mittler von Botschaften dient. Dies lassen nicht nur die erwähnten Arbeiten von Hahnemann, Emoto bzw. Ernst F. Braun erkennen, sondern auch meine persönlichen Erfahrungen mit der Wasserkristallfotografie und vor allem die einleuchtende Deutung der Kristallbilder. Unser Körperwasser erhält ebenfalls Botschaften. Auch unsere Seele bzw. unser Bewusstsein ist immer da und tanzt jahrtausendelang wie das wandelbare Wasser in einmaligen archetypischen Mustern durch unsere wechselnden Körper. Bisweilen finden wir uns im Kampf mit unseren Schatten wieder, während wir ein andermal einen tiefen Frieden empfinden. Unsere Leben, die wir jeweils als Warten auf den Tod betrachten können, gleichen der Flamme einer Kerze, die im Wind der Dualität endlos hin- und herflackert, von Furcht zu Vertrauen, von Geduld zu Ungeduld und wieder zurück. Siehe auch S. 28, Kapitel *Was macht uns einzigartig?*

Aufgrund meiner Träume vergangener Leben in wasserreicher Umgebung stelle ich es mir so vor: Der Verstand sitzt nicht nur im Gehirn, sondern alle Bewusstseinsebenen befinden sich in den Membranen unserer Zellen, z. B. in denen der Haut, Knochen und Organe, wie Magen, Darm, Nieren, Leber usw. Via Zellwasser interagieren sie mit dem Wasser aus dem All (siehe Seite 82 f.). So wirken sie mit transzendenter Energie aufeinander ein. Somit ist es auch möglich, das Zellgedächtnis anzuregen und vergangene Lebenserfahrungen Revue passieren zu lassen. Das wird ja auch tausendfach von Psychiatern bei Rückführungen nachgewiesen.

V. WASSERTEST MIT MEINEM SELIGEN MANN

Warum heißt das Buch *Sad News?*

Auch drei Monate nach Beginn des vorliegenden Werkes war mir nicht klar, warum die geistige Welt diesen Titel vorgegeben hat. Mir fielen viele Dinge ein, die unter die Kategorie traurige Nachrichten fallen könnten. Allein die Tatsache, dass die Menschen einfach nicht wahrhaben wollen, dass sie durch ihr wenig nachhaltiges Verhalten unseren Ernährerplaneten zugrunde richten. Am 5. Februar 2018 rief Isabel Bannier-Groß an und sagte, sie habe in den letzten Tagen so intensiv an mich gedacht, dass sie schon annahm, ich wäre Peter gefolgt. Zumal sie wochenlang nichts von mir gehört hatte. Ich sagte, „vielleicht hast Du so stark an mich gedacht, weil ich am Wasserkristallbuch arbeite und mich ständig frage, wieso die von der anderen Seite wollen, dass das Buch *Sad News* heißt und welche Tests ich noch machen soll." Isa sagte, nimm die Hälfte des Bildes, wo Du mit Peter drauf bist, wickle es um ein Fläschchen mit destilliertem Wasser und schicke es in die Schweiz. Peter meldet sich gerade, du sollst mal einen Block und Stift holen. Er will, dass Du alles in Kurzschrift notierst. Es geht ums Ganze, Natur Tiere, Menschen, alles. Vor allem macht der Erde die Veramerikanisierung des Essens zu schaffen. Obwohl der Vegetarismus im Trend liegt, steigt der globale Fleischkonsum drastisch an, besonders in den aufstrebenden Schwellenländern China und Indien. Dadurch steigen die Treibhausgasemissionen und das Wasser wird knapp, da immer mehr Tiere immer mehr Wasser benötigen. Für 1 Kilo Rindfleisch werden mehr als 15.000 Liter Wasser benötigt! Und durch die vermehrten Ausscheidungen der Tiere entsteht immer mehr Methan. Es ist jetzt bereits für ein Fünftel des Treibhausgases verantwortlich. Das ist mehr, als die Abgase aller Flugzeuge, Autos und Züge zusammen erzeugen. Und durch die zunehmende Massentierhaltung und Industrialisierung der Landwirtschaft werden wenige internationale Konzerne den Markt dominieren." Ich sagte, „tja, das könnte sehr problematisch werden. Das würde zu Kriegen um Wasser führen."

„Ja, um Wasserknappheit und durch Reaktorunfälle radioaktive Verseuchung von Wasser und Böden geht es."

„Oh, sagte ich, da fällt mir ein, dass ich ja schon mal den prophetischen Seelenstern meiner Freundin Renate als einen Atompilz gedeutet habe. Renate Kaiser-Alexnat hatte ein Jahr lang in Japan gearbeitet und steht als Agrarwissenschaftlerin auch heute noch mit dem Land des Lächelns in wissenschaftlicher Verbindung. Sie hat ja auch in *Wasser verbindet die Welten* darüber geschrieben. Ich hatte, als das mit Fukoshima passierte, gar nicht mehr an das Wasserkristallfoto und meine Deutung gedacht. Erst als ich

Renates Bericht las, wurde mir klar, dass das Wasserkristallfoto auch eine Prophezeiung der Wassermaler war."

Isabel sagte, „das, was sich jetzt in Belgien abspielt, ähnelt dem Szenario von Tschernobyl." Ich sagte, „da würde wohl auch Aachen unbewohnbar. Na ja, warten wir erst mal die neuen Wasserkristallfotos ab. Doch wenn sie wirklich auf traurige Nachrichten hinweisen sollten, was machen wir dann?"

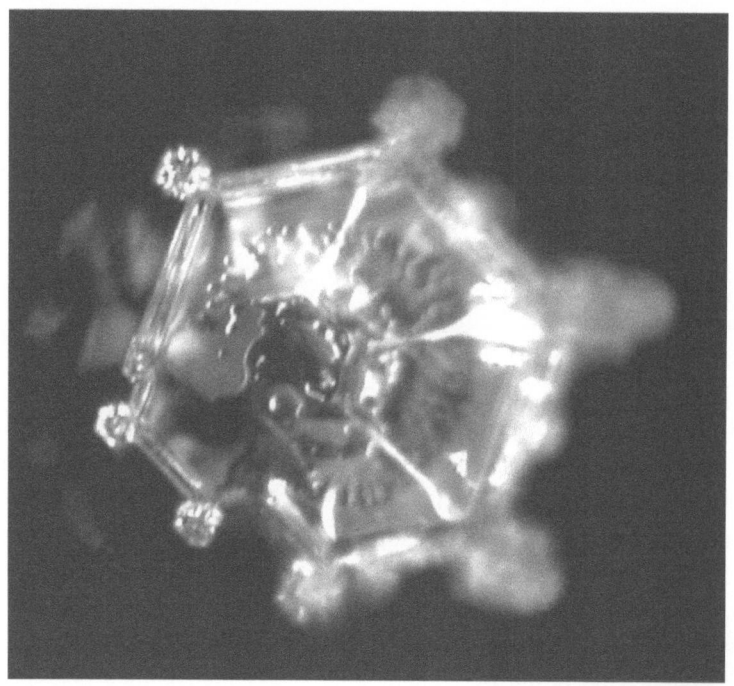

Über den Tod hinaus - erster Test

Wie bereits in einem Wasserkristallfoto-Experiment, das ich mit Ernst Braun nach dem fleischlichen Ableben meines Vaters durchführte, handelte es sich auch bei dem folgenden Seelenstern um eine Prophezeiung.

Das mit einem Foto meines Mannes generierte WKF, das mir Herr Braun dankenswerterweise

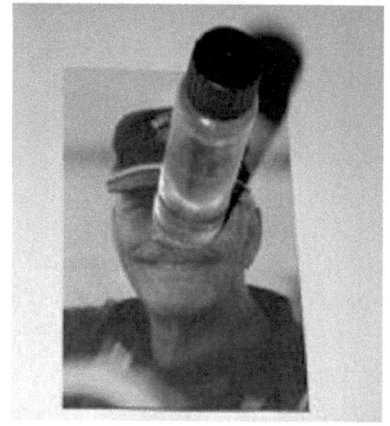

schenkte, zeigt den Hund (unten mit dem schwarzen Bumerang unterm „Arm"), der jahrelang an der Eisenkette gelegen hatte. Ende Februar 2017 wurde er einfach losgelassen. Er hatte seinen Job als Wachhund verloren und kam dann zu mir, um seine Dienste anzubieten. Ich hatte es ihm ja auch angeboten. Immer, wenn ich vorbeigekommen war und ihn mit Leckerlis verwöhnte, sagte ich, „wenn Lisbela mal nicht mehr ist, kommst du einfach zu mir." Hatte er deshalb überhaupt keine Eingewöhnungsschwierigkeiten? Alle wunderten sich, wie normal dieser Hund trotz des jahrelangen Martyriums ist: Tobi war rund um die Uhr an der Eisenkette. Ich probierte, das Metall aufzudrehen, um mal ein bisschen mit ihm herumzulaufen. Es ging nicht. Ich hätte schweres Werkzeug gebraucht. Den einzigen Liebesdienst, den ich ihm jedes Mal erweisen konnte, war, seine Kacke wegzufegen. Tobi war oft von seinen Exkrementen eingekreist. Da Schaufel und Besen immer an der Wand lehnten, machte ich ihm sein kleines Reich, den Zementboden, sauber.

Auf dem Wasserkristallfoto weiter oben links ist eine Glühbirne über dem Dreieck zu sehen. Sie scheint das Starkstrom-Desaster zu prophezeien, das zwei Monate nach dem Experiment, am 24.4., mehrere Elektrogeräte und einige Glühbirnen zerstörte.

Wenn wir prophetisch träumen oder, wie hier, auf dem WKF in die Zukunft blicken dürfen, können wir davon ausgehen, dass unsere Lieben im Jenseits noch mit uns kommunizieren und uns auf bestimmte Dinge hinweisen wollen. Manchmal sorgen sie auch dafür, dass wir wichtige Papiere finden können (siehe S. 113).

Peters 4 Seelensterne des zweiten Experiments

Am 22.2.2018 war ich schon morgens fahrig. Die Hunde freuten sich, weil ich plötzlich den weiten Weg zu Fernanda einschlug. Seit Langem weinte ich wieder mal in ihren Armen. Ich schluchzte noch mehr auf das wiederholte *força* meiner herzensguten Eierfrau, mit dem sie mich tröstete. Dass es nach einem Jahr noch mal so schlimm sein könnte, hätte ich nicht gedacht. Als meine Eltern in die Astralebene wechselten, hielt sich mein Leid weit mehr in Grenzen. Fernanda hatte sich schon gewundert, dass ich so lange nicht da war. 12 frische Rieseneier warteten auf mich. Da ich ihr 3 Euro dafür gab, schnitt sie mir noch Grünkohl frisch vom Feld und ein großes Stück von einem Kürbis ab. Ihre Hühner dürfen frei umherlaufen und müssen nur nachts hinter Gitter. Später fuhr ich mit dem Fahrrad nach Tavira. Im Postfach lag eine Benachrichtigung. Da ich aber zur Bank musste und es kurz vor 12 Uhr war, raste ich erst mal bergab zur

Stadtmitte. Als ich das Fahrrad abschließen wollte, suchte ich vergebens nach dem Schlüssel. Den ganzen Weg mit fokussiertem Blick zum Boden eilte ich zurück zur Post, und da hängt doch tatsächlich am noch offenen Postfach der Schlüsselbund. Das unerwartete Einschreiben entpuppte sich als 728-seitiges Buch: „Die 64 Genschlüssel". Es war der Tag der vergessenen, unerwarteten Schlüssel. Der nächste Besuch beim Elektrizitätswerk (EDP) verlief ohne den erwünschten Erfolg. Seit knapp einem Jahr versuche ich, meine durch den versehentlichen Starkstromangriff des E-Werks zerstörte Geräte ersetzt zu bekommen. Den reparierten Computer und den ebenso reparierten Receiver sowie zwei Ladegeräte habe ich bezahlt bekommen. Aber das noch nicht einmal zwei Monate alte Smartphone nicht. Das Problem war, dass am Reparaturschalter von Worten das Kästchen mit der Rechnung verschwand und sich die Angestellten weigerten, das Smartphone ohne diesen Nachweis zu Samsung zu schicken. Ich ließ dann das Handy von dem neutralen Techniker bei Digitalvideo, Lda prüfen, der auch meine obigen beiden Geräte repariert hatte. Er bescheinigte mir, dass es nicht mehr zu reparieren geht. Aber das genügte der EDP nicht. Wenn ich meine Zeit, die Schreiberei, die im Körper gebildeten Stresssäuren, die Postgebühren - ich hatte das Handy zuvor an die zuständige Stelle der EDP (GIS VON Consulting) geschickt - zusammenrechne, wäre es besser gewesen, ich hätte die ganze Sache vergessen und auf alles verzichtet. Ein Lernprozess! Vielleicht lernen Sie aus meinem Beispiel, einfach loszulassen.

Doch zurück zu dem *Schlüsseltag*. Nachdem ich die Papiere wieder im Rucksack verstaut hatte, und losfahren wollte, streikte das Fahrrad, da sich der Rucksack darin verfangen hatte. Auch diesen hatte ich einfach so vergessen! Könnte das am verzehrten Hanfsamen gelegen haben? Angeblich sollen sämtliche Produkte aus dem Nutzhanf keinerlei psychoaktive Nebenwirkungen hervorrufen. Aber, wer weiß? Am Abend bei der Chorprobe war ich auch ausnahmsweise weinerlich bei den traurigen Liedern. Gabi, die Bremer Lehrerin sagte, die Trauerarbeit solle 6 Jahre dauern. Ich denke aber, dass es keine zeitliche Begrenzung gibt. Wie lange das Trauergeschehen und die einzelnen Phasen währen, ist doch wohl individuell unterschiedlich. Als ich dann zu Hause die E-Mails checkte, strahlten mich Peters Seelensterne an. Ob es das war, was mich so durcheinanderbrachte? Vielleicht hatte Herr Braun gerade die Mikroskop-Fotografien gemacht, als ich morgens diese Nicht-ganz-bei-Trost-Phase durchlebte.

Der erste göttlich schön strahlende Kristall zeigt im Inneren einen Ring, Symbol der Unendlichkeit, Hoffnung und Beständigkeit. Symbol auch unserer unendlichen Liebe. Ist es ein Zufall, dass der Ring verschwommen ist? Synonyme: wirr, vernebelt, unsicher, unpräzise, konfus, das war ich gewiss an diesem 22.2. War es eine Prophezeiung?

Ist es auch Zufall, dass der Ring in Gelb eingebettet ist: *Reines Gelb ist die Farbe mit der größten Strahlkraft sowie Signal- und Fernwirkung, da wir sie mit direktem, gleißendem Sonnenlicht assoziieren. Von den warmen Farben ist sie die am wenigsten greifbare und unwirkliche. In Asien steht sie deshalb seit jeher für das Schöne, Heilige und Göttliche. Gelb bedeutet Leuchten, Strahlen, die Sonne und das Licht. Gelb steht ebenso für Heiterkeit und Optimismus, wie für einen scharfen Verstand und Intellekt.* Weitere Bedeutungen von Gelb sind: *die absolute Wahrheit, Rationalität, Wissen und Weisheit: „Heller Kopf", „mir geht das Licht auf", „Erleuchtung".*

https://alpina-farben.de/artikel/farbsymbolik-bedeutung-gelb

Hat es mit unserer Begegnung zu tun? In der Nacht zum 17.2.17 hatte mir ein glücklich strahlender Peter seine lichtdurchflutete neue Umgebung gezeigt, die mich an die Dünenlandschaft des Erg Chebbi in Marokko erinnerte. Und da wollten wir zu der Zeit ja auch sein. Das Wohnmobil ist immer noch genauso gepackt, der Piaggo steht noch immer in der Heckgarage. Peter liebte die Wüste fast so sehr wie das Meer.

Der Kristall zeigt auch Hexagone und Halbmonde. *Das Sechseck steht für die harmonische Entwicklung der physischen, sozialen und spirituellen Elemente im menschlichen Leben und ihre Integration in ein vollkommenes Ganzes. Es symbolisiert die Vereinigung von Männlich und Weiblich, von Materie und Geist zu einem vollkommenen Ganzen.*

http://www.traumdeuter.ch/texte/2059.htm

Der Halbmond *symbolisiert die weibliche, geheimnisvolle Kraft, die intuitiv und nicht rational ist.* Auf diese Themen weise ich in vielen meiner Bücher hin. Als Peter noch im Fleisch bei mir war, hat er kein einziges davon gelesen. Aber jetzt scheint ihm alles, was in ihnen steht, bewusst zu sein. Dies wurde mir unter anderem klar, als er sich am 9.4.17 einen Scherz erlaubte, um mich aufzuheitern und mir zu zeigen, dass er jetzt auch meine metaphysischen Erkenntnisse teilt: Beim Arbeiten am Cranberrybuch gab ich bei Google Übersetzer den letzten Satz an meine Leser ein: *In the end, all that remains to be desired is to wish you all the best on your way to the light, to inner freedom, to serenity, and to radiant health! Thank you for your trust!*
Statt der deutschen Übersetzung kam das heraus:

> *In the end, all that's going to be, you're all right, you're right,*
> *you're right, you're right. Thank you for your trust!*

„Ja, Peter, ich hoffe du hast recht, dass ich mich am Ende wieder fangen werde. Du hast immer an einem Leben nach dem physischen Tod gezweifelt. Ich hab dir gesagt, du wirst es erleben, da kannst du drauf vertrauen. Ich freue mich, dass du es mir nun wirklich bestätigst.

So jetzt mache ich es noch mal mit einem neuen Fenster: Ja, da kommt es richtig: *Am Ende ist alles, was noch zu wünschen übrig ist, Ihnen alles Gute auf Ihrem Weg ins Licht, zu innerer Freiheit, zu Gelassenheit und strahlender Gesundheit zu wünschen! Danke für Ihr Vertrauen!"*
(Meyer 2017)

Der obere rechte Zacken von Peters zweitem Seelenstern scheint einen Kindheitswunsch von mir darzustellen. Ich wollte immer eine farbige Schwester. Damals hatte ich eine braune aufblasbare Blinky-Winky-Wackelaugenpuppe.

Ich setzte sie zusammen mit einem Stück Würfelzucker für den Klapperstorch vors Fenster. Ich brauche wohl nicht zu erwähnen, dass meine Mutter nicht bereit war, die dafür notwendige Initiative zu ergreifen.

Das zerbrochene Innere des Hexagons könnte auf die doppelte Brechung des Bewusstseins hinweisen, von der mein Professor Earnest Jouhy sprach. Bei den Buchstaben, die im oberen linken Zacken beginnen, dachte ich zuerst, es heißt EBAY und weist auf ein Fehlurteil des Gerichts hin, über das ich in meinen biografischen Romanen berichtet

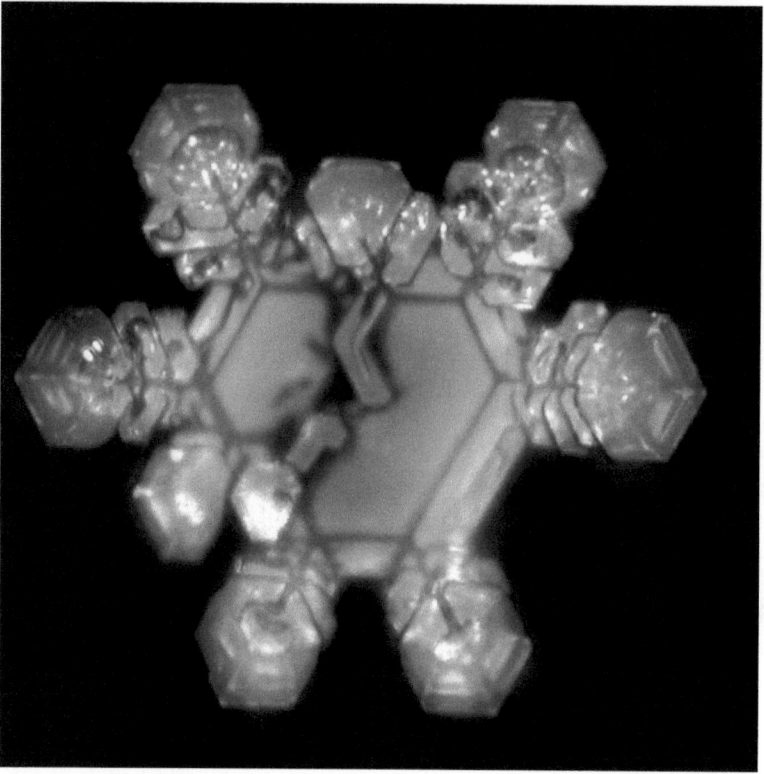

habe. Dafür hätte gesprochen, was Isabel Bannier-Groß mir auf medialem Wege von Peters Freund Bolko Seifert übermittelte, der seinerzeit mein Rechtsanwalt in dieser Angelegenheit war. Mittlerweile ist allerdings der Facebook-Skandal aufgedeckt worden. Und die Buchstaben sind ja eindeutig FB AX. Ax ist englisch für Axt, aber auch *etwas streichen* im Sinne von kürzen, abschaffen. Da ich ein paar Aktien besitze, habe ich gependelt. Aber ich soll sie nicht verkaufen. Peter wollte mit dieser Prophezeiung meinem Buch vielleicht nur mehr Substanz geben. DANKE Liebster!

Peter hat zu Lebzeiten nicht an das geglaubt, was er jetzt erlebt. Früher oder später wird es uns allen gelingen, über unser jetziges Bewusstsein hinaus die Wirklichkeit zu erkennen. Wir wissen ja auch noch nicht allzu lange, dass die Strukturelemente der Atome keine Materie sind. Das hat ja schon eine Veränderung der Wahrnehmung und des Bewusstseins der Natur bewirkt. Könnten wir nicht folgern, dass das, was wir Natur nennen, nicht in Wahrheit wirklich sein muss. Kann es nicht auch möglich sein, dass das Leben ein Traum ist?

Ich hoffe jedenfalls, dass die Seelensterne dazu beitragen werden, dass viele meiner LeserInnen ihre gegenwärtigen Fesseln durchbrechen und über ihr jetziges Bewusstsein hinaus noch mehr Wirklichkeit erkennen können.

Der dritte brillante Seelenstern ähnelt dem von Kater Max, bei dem mir *Weisheit, inneres helles Sehen* eingefallen war. Das, was ich seit dem Hinübergehen meines Mannes schon alles mit ihm erleben durfte, zeugt wahrlich von Erleuchtung. *Über den Tod hinaus* zu schreiben, war für mich nicht nur ein Bedürfnis, sondern eine Liebesbezeugung. Die Reflexionen zwischen Menschen und Augenblicken, die fließenden Brechungs- und Einfallswinkel zwischen Fantasie und Realität die wir, in Ermangelung einer Erklärung, gern Zufall nennen.

Beim Betrachten des vierten Wasserkristalls musste ich laut lachen. Aber erst, nachdem mir klar wurde, dass er gar nicht meine Mutter abbildet, sondern ihre Großcousine Doris Day. Peter war 2009 ganz und gar nicht begeistert von meiner Begeisterung, als wir von meiner Verwandtschaft mit der singenden Schauspielerin erfuhren. Eine Wahrsagerin hatte es mir zwar schon Anfang der 90er Jahre gesagt, aber da hatte ich es nicht geglaubt und das Surfen im Internet war noch nicht gebräuchlich. Dass Doris nicht so Peters Fall war, zeigt die abstoßende Art ihrer Abbildung, links unten neben der mit Licht bekränzten Gestalt im dunklen Durchgang: pausbäckig, wasserstoffblond und vollmundig singend. Peter war seinerzeit ziemlich genervt, als ich für Doris einen Familienroman schrieb, damit sie ihre Neckarverwandten kennenlernen kann. Weniger des Schreibens wegen, sondern weil ich ihm immer mitteilte, was ich ergoogelte, Damals war Doris hinter einigen männlichen Kollegen noch immer die erfolgreichste Kinokassen-Diva aller Zeiten. Auch fand ich und zeigte ihm immer wieder neue Fotos, wo sie meiner Mutter noch ähnlicher sah. Um dies zu verdeutlichen, zitiere ich mal die Passage aus *Familien-Code*, wo mich meine Tante anrief, um mir die Neuigkeit mitzuteilen: ... *Und wie sollen wir mit Doris Day verwandt sein? Anneliese antwortete: Hilde Wiswesser sagte, durch unsere Oma. Wie hieß die denn? Eleonore Nollert.*

Wieso weiß Hilde das? Sie sagt, es ist offiziell. Das könnte man in der Stadtverwaltung in Mückenloch erfahren. Das wollte ich dir nur gesagt haben. Ich leg jetzt auf. Okay, danke für deinen Anruf.

Ich war erfreut, bewegt, geehrt, eine bunte Gefühlsmischung. Verwandt mit einer Frau, deren Song Que sera sera fast jeder Mensch kennt. Ich füllte die Google Suchleiste mit dem Namen der Sängerin und Schauspielerin. Hast du mein Gespräch mit Anneliese mitgekriegt? Du bist wohl mit einer Verwandten von einer ... wow ... der immer noch erfolgreichsten Schauspielerin aller Zeiten verheiratet! Aus der Quigley's 'All Time Number One Stars' Liste steht Tom Cruise als No 1 und Doris Day als No 6, direkt hinter ihrem Freund, dem Bürgermeister. Peter motzte: Dreh nicht gleich durch.

Auf sein spöttisches Grinsen sagte ich, wie würdest du dich denn verhalten, wenn du mit John Wayne verwandt wärst? Deine Beziehung zu dieser Frau bringt uns keinen

Pfifferling. Geld, Geld … stöhnte ich. Ja, gab Peter bissig zurück, wir konzentrieren uns besser aufs Geschäft.

Ah! Hier gibt es einen Stammbaum. Da ist tatsächlich ihre Großmutter Anna Christina oder es ist ihre Urgroßmutter ... eine geborene Nollert wie meine Urgroßmutter. Sie sind 9 Jahre auseinander, wahrscheinlich Schwestern. Endorphine schossen durch meine Venen. Peter entnervt: Na und? Ich aufgeregt: Meine Mutter ist wohl ihre Cousine zweiten Grades.

Und, bringt uns das weiter?

Neckarhäuserhof hat nicht viel mehr als ein Dutzend Häuser, das muss so sein. Peter entnervt: Hast du nichts besseres zu tun?

Ma ist nur zwei Monate jünger als Doris. Von allen entfernten Cousinen ist sie ihr am ähnlichsten, zumindest was Aussehen und Singen betreffen. Anneliese und Hilde sind mehr die Komiker. Du machst mich krank. Wenn du nicht aufhörst, geh ich. Wir haben den Stress mit dem Ubbe Bastard und du vergeudest deine Zeit mit so einem Unsinn. Hey, wart mal, schoss ich zurück, du bist derjenige, der den Betrügern immer das Geld gibt. (Meyer 2016, S. 43)

Das erklärt vielleicht die unsympathisch abgebildete Doris, wo sie doch in der Regel sehr ansprechend dargestellt wird. Aufschlussreich ist auch, dass das WKF nicht ihre Schokoladenseite zeigt. Doris ließ sich fast immer im rechten Profil fotografieren.

Der Seelenstern zeigt noch eine lachende Fratze über dem Kopf des früheren Filmstars. Soll das Peter sein, der über seinen eigenen Witz lacht? Wie er es immer tat, wenn er sich mit einer originellen Kopfbedeckung schmückte, um mich zum Lachen zu bringen: Mamas Häkeldeckchen, Schachteln, Kissen, Topflappen …

Trinität im Sinne des einheitsstiftenden Prinzips universeller Harmonie

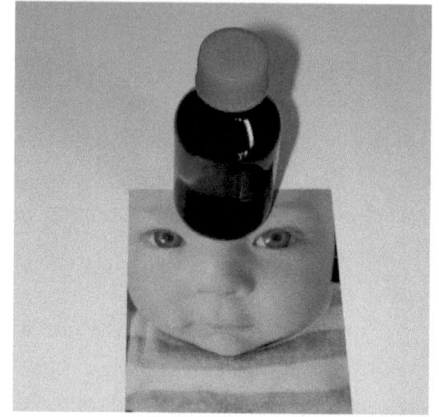

Hier geht es nicht um das umstrittene Dogma der Dreieinigkeit, zumal die Trinitätslehre erst viele Jahre nach Abfassung der Bibel vollendet wurde. Wir können davon ausgehen, dass sich die Menschheit von der das Endliche widerspiegelnden binären Struktur hin zur Trinität entwickelt, die die Unendlichkeit reflektiert. Dies geschieht, wenn wir die Frequenzschwingung der DNA erhöhen.

Als Erwachsene merken wir oft nicht, wie feinfühlig Kleinkinder wirklich sind. Sie empfinden jede einzelne von uns ausgesendete Frequenz so stark und absorbieren sie so intensiv auf stofflicher und intuitiver Ebene, dass sie ganz in die Form ihrer Körperstruktur mit eingewoben wird.

Seit rund 20 Jahren kommen Kinder auf die Welt, die über besondere Fähigkeiten verfügen und nicht mehr dual verhaftet sind. Zu ihnen scheint Lian zu gehören, da sein Seelenstern die Trinität symbolisiert. Solchen Kindern werden oft Krankheiten wie ADS und ADHS angedichtet. Doch was, wenn Aufmerksamkeitsdefizitstörungen und Hyperaktivität Merkmale einer neuen Generation außergewöhnlicher Kinder sind und diese statt Medikamente nur eine angemessene Förderung benötigen? Sind sie Wegweiser für die Zukunft der Menschheit? Für den menschlichen Verstand und unsere derzeitige Wahrnehmung erscheint alles um uns von doppelter bzw. paarweiser Struktur zu sein. Aufgrund unserer gegenwärtig limitierten Wahrnehmung scheint die Trinität innerhalb der Schöpfung wenig fassbar zu sein. Die Dreifaltigkeit spiegelt das Unendliche wider, wogegen das Duale die Endlichkeit reflektiert. Sobald wir die Schwingungsfrequenz unserer DNA erhöhen und die Dinge von einer höheren Warte aus betrachten, ist eines unserer ersten erkennbaren Sichtweisen die der Trinität. Oben genannte Kinder, wie auch Lian, weisen offenbar schon die verbesserte Genstruktur auf. Kommen sie auf die Erde, um uns dabei zu helfen, unsere letztliche Bestimmung zu verwirklichen, nämlich den Zustand des Einsseins mit allem was ist? Rudd schreibt: *Jede Dualität ist in Wahrheit eine Beziehung und jede Beziehung ist in Wirklichkeit eine Trinität – es gibt den Mann, die Frau und im gleichen Atemzug gibt es das Paar – die Beziehung an sich.* (Rudd 2016)

Insofern ist die Zahl 2 illusionär also logisch nicht existent und stellt allenfalls eine Brücke dar. Wollen diese Kinder mit ihrem vorhandenen Vertrauen uns zeigen, dass alles Seiende schicksalhaft ist und einem großartigen Plan unterliegt? Sind sie gekommen, um uns der Kraft des Universums zu vergewissern, die alles inszeniert und die wir unmittelbar in unserem Inneren finden? Wollen sie uns helfen, unsere sakrale Wunde, die Spaltung der Trinität, physischer, emotionaler (astraler) und mentaler Körper zu heilen? Wollen sie uns mitteilen, dass diese drei Körper bzw. ihre Verbindungswege Initiative, Wachstum und Dienen die Basis für überfließenden Reichtum auf jeder Ebene des Universums sind?

Als der Grundbaustein des holografischen Universums erlaubt das Muster der Trinität dem Leben, sich beständig weiterzuentwickeln und zu transzendieren. Sie stellt sicher, dass nichts jemals gleich oder stecken bleibt, auch wenn es manchmal so aussieht. Sobald du anfängst, dich mit deinem Verstand und deinem Herzen auf diese geheimnisvolle Beschaffenheit der Trinität einzulassen und mitzuschwingen, wirst du dich zunehmend entspannen und tiefer in die Wahrheit der immanenten, sich selbst ordnenden Vollkommenheit des Universums eintauchen. (Rudd 2018)

VI. DAS VERBORGENE LICHT IN UNSERER DNA

Vor Kurzem durfte ich für den Jim-Humble-Verlag das Buch „Der goldene Pfad" von Richard Rudd Korrekturlesen. Dies weckte mein Interesse für das Buch des Autors *Die 64 Genschlüssel: Das Öffnen der verborgenen höheren Bestimmung in unserer DNA*.

Verdrängte Erinnerungen

Bei den Genschlüsseln handelt es sich um ein System, das unsere DNA und die Symbolik des altchinesischen Weissagungssystems I-Ging verbindet. Es umfasst 64 Schlüssel bzw. Identifizierungszeichen, die ganz bestimmte Prozesse in der spirituellen Entwicklung des Menschen darstellen. Sie basieren auf der Sprache der Archetypen bzw. auf einer Art genetischem Gedächtnis, das wir in unserem Blut tragen. Wir bergen in unserem Körper also die gesamte evolutionäre Erinnerung der Menschheit. C.G. Jung nannte es das kollektive Unbewusste. Rudd spricht vom Lagerhaus des menschlichen Karmas bzw. von evolutionären Artefakten. Diese sind aber (noch) nicht bzw. nur von wenigen Menschen lesbar. Es sind unterdrückte Erinnerungen, die in der Genetik der *nicht codierten DNA,* auch *Junk-DNA* genannt, entsprechen. Sie machen immerhin 98 % unserer Genome aus! (Rudd 2013, S. 491)

Offenbar ist es der Tatsache geschuldet, dass mein hologenetisches Profil genau den Genschlüssel aufweist, der mich schon vor mehr als 30 Jahren mit meinen schattenhaften Handlungsprodukten auseinandersetzen ließ. Vor allem, als ich in Kalifornien auf der Gesundheitswelle der 80er Jahre reitend, in der Folge eines Reinigungsprozesses einige meiner vergangenen Leben in nächtlichen Visionen noch einmal durchlebte. Wir hatten in unserem Apartmentkomplex in Hermosa Beach einen deutschen 2. Manager, der mich auf meinen prophetischen Traum ansprach. Ich hatte geträumt, dass Peters Mutter gestorben war. Ich zitiere einmal die Unterhaltung aus meinem autobiografischen Roman *Familien-Code*: „Hast du schon mal einen Traum gehabt, in dem du eine andere Person warst? Nein, antwortete Walter, nicht dass ich wüsste. Hast du? Ja, erst vor Kurzem. In diesem Apartment hab ich schon mehr Metaphysisches erlebt, als in den letzten zehn Jahren. Ich war wohl ein Schäferjunge im letzten Leben. Warum denkst du das? In den letzten beiden Wochen hab ich zuerst den Traum gehabt, wo ich als Hirtenjunge getötet wurde, dann war ich eine Frau mit einer Quäkerhaube wie auf der 2-Cent-Briefmarke; mein Mann ist im Bürgerkrieg gefallen, dann ein meuchelnder Gladiator, ein jüdisches Mädchen im Getto, ein englisch sprechender und im Hotel

wohnender Schauspieler, eine sehr schöne blonde Frau, die auf einen Leiterwagen ge-
schubst wurde und ein schweres Leben hatte, ein fetter Polynesier, der gefedert und ge-
teert wurde. Wow! Wenig schöne Leben. Ich denke, in meinem letzten Leben war ich
der Hirte. Warum? Weil mein letzter Traum der gleiche war, wie der Erste, als mir in
den Rücken geschossen wurde. Boah, nicht wirklich gute Leben. Da solltest du diesmal
ein besseres haben (Meyer 2016, S. 97). Ja, in der Tat hatte ich in diesem meinem bis-
herigen Leben viele positive Erlebnisse.

Was können die Genschlüssel für uns tun?

Die Genschlüssel in meinem hologenetischen Profil konnten mir zu einigen Lichtblicken
hinsichtlich meiner Person verhelfen. Aber es war ein Traum, der mich inspirierte, dieses Kapitel zu schreiben. Ich träumte in der Nacht zum winterlich anmutenden Früh-
lingsanfang, dass meine Mutter anrief und sagte, ich solle zu ihr kommen, es sei dringend. Obwohl ich geplant hatte, nach USA zu fliegen, fuhr ich zuerst zu meiner Mutter
und traf sie zusammen mit drei anderen Frauen in einem Raum sitzend an. Sie sagte,
sie habe jetzt keine Zeit und erwartete, dass ich warte. Nach dem Aufwachen reflektierte ich über die Bedeutung dieses Traums. Da laut Traumdeutung diese nächtliche Vision unter anderem auch die unbewussten Schattenseiten der Träumenden symbolisieren
können, ist mir etwas eingefallen. Ich hatte schon öfter mal meine Cousine Heide eingeladen, mich zu besuchen und ihr gesagt, dass sie ja mit mir zurückfliegen könne,
wenn ich im Sommer nach Deutschland fliege. Das habe ich aber wieder vergessen, zumal sie sich, außer *schau ma mal*, gar nicht geäußert hatte. Heide sprach mich nie mehr
an, auch nicht, als wir, mein Bruder, seine Frau und Enkel Moritz, uns mit ihr, einem
Cousin und einer weiteren Cousine in einem Café in Eberbach getroffen und sie heim-
gefahren hatten. Sie zeigte uns ihren riesigen Gemüsegarten. Selbst wenn ich daran gedacht hätte, wäre mir bei dem trockenen Sommer nicht in den Sinn gekommen, Heide
zu fragen. Sie erinnerte mich erst kürzlich daran, wie mir schien leicht verschnupft.

Die 64 Genschlüssel haben ja auch vor allem mit unseren Schattenseiten zu tun. Deshalb denke ich, zumal der Traum ja auch mit dem Fliegen zu tun hatte, dass er auf meinen Schatten bzw. meine Herausforderung *Oberflächlichkeit in der Evolution* (siehe
Grafik) aufmerksam machen sollte. Ich hätte den Traum wohl nie gehabt bzw. nicht
einordnen können, wenn ich mich nicht in die 64 Genschlüssel vertieft hätte. So werde
ich nun durch Kontemplation meine Schatten hoffentlich nach und nach in Licht verwandeln können. Ich weiß nicht, ob meine Lebenszeit dazu ausreichen wird. Aber es
ist ja auch schon etwas, die dunklen Seiten zu erkennen und zu akzeptieren.

Es geht bei den 64 Genschlüsseln darum, gemäß des hologenetischen Profils, das durch die Angabe von Geburtsort und genauer Geburtsstunde erstellt wird, den genetisch vorgezeichneten Lebensweg zu finden. Hier können Sie Ihr kostenloses Profil erstellen lassen:

https://teachings.genekeys.com/free-profile/

Wie so etwas aussieht, sehen Sie auf der Grafik folgender Seite. Sie müssen übrigens Ihren Namen nicht angeben, wenn Sie Ihr hologenetisches Profil anfordern.

Zeigt dieser Traum an, warum ich heute so bin wie ich bin? Bevor ich darüber weiter nachsinne, würde ich Ihnen noch einmal gern Richard Rudds Buch nahebringen. Denn, wenn Sie gemäß Ihrem Profil in Ihre Genschlüssel, die universalen Merkmale des Bewusstseins, ihre Schattenfrequenzen und Gaben geistig eintauchen, können Sie Ihr inneres Wesen erschließen und Ihre höhere Bestimmung aktivieren. Einfach ist es nicht und schnell geht es auch nicht. Aber es ist eine beglückende Aufgabe.

Noch einmal zurück zum Reflektieren des Mutter-Traumes. *Bei Frauen stehen Mutter-Träume nach psychologischer Deutung für ein Bewusstsein oder ein Bewusstwerden der eigenen femininen Seite.* (https://traum-deutung.de/mutter). Dabei fiel mir wieder ein, dass mich meine Mutter als Kind oft aufgefordert hat, etwas für sie aus dem Bad, ihrem Schlafzimmer, dem Keller ... zu holen. Irgendwann wurde mir das „kannst du mal eben" zu viel. Mein Bruder war ja auch noch da. Ihn schickte sie nie, immer nur mich. Ich sagte, sie soll mir für jeden Gang einen Pfennig geben. Das half etwas. Die Botengänge nahmen ab. Träume enthalten ja auch oft Botschaften zur Selbstbefreiung.

Vielleicht hat mich meine Freundin und Autoren-Kollegin Barbara Simonsohn nur deshalb mit obigem Verlag in Kontakt gebracht, damit ich mich in meine Genschlüssel vertiefe. Denn, nach dem Korrekturlesen des *Goldenen Pfades* bat ich um eine Pause und nach dem Kauf der *64 Genschlüssel* und dem Versenken darin, bekam ich keinen Lektoratsauftrag mehr. Ich werde mich auch hüten, nach Arbeit zu fragen. Gerade weil ich die Erfahrung gemacht habe, dass alles, was ich brauche, von allein zu mir kommt. Das fing mit meiner Zangengeburt an. Seither lasse ich alles auf mich zukommen. Ich bin ein Mensch, der in den Tag hinein lebt und wartet, was da kommt. Mein ganzer Lebensweg ist mit diesen sogenannten Zufällen gepflastert. Mein Ex-Freund überredete mich, mit ihm auszugehen, so lernte ich *meinen Baron* kennen, den ich dann der Kunst zuführte. Das war wohl meine Aufgabe, denn kurz darauf war unsere Beziehung zu Ende. Ein Gastwirt rief mich an und fragte, ob ich für Kleidung und Schuhe modeln wollte. Dadurch lernte ich meinen Verlobten kennen, der mich mit nach Frankfurt nahm. Das war wohl seine Aufgabe. Denn danach

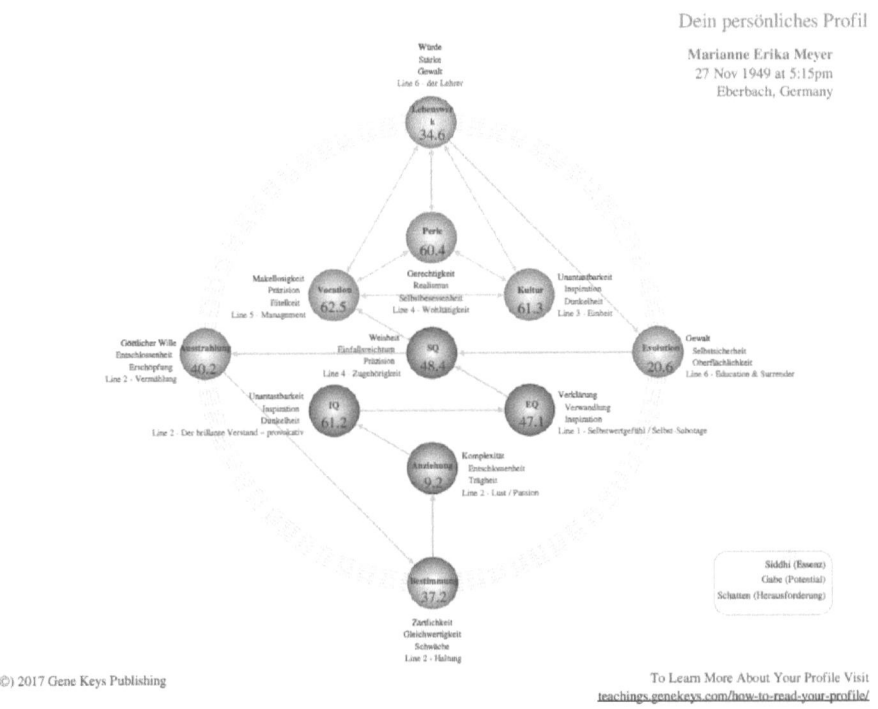

To Learn More About Your Profile Visit
teachings.genekeys.com/how-to-read-your-profile/

waren wir auch nur noch kurze Zeit zusammen. *Zufällig* traf ich meine Klassenkameradin, die mich zum Pädagogik-Studium motivierte. Direktionssekretärin war eh nicht so mein Ding. Das Einzige, mich daran Interessierende war, dass es die Ausbildungsabteilung der Deutsche Bank AG war, die Bibliothek an mein Büro angrenzte und der Blick vom 18. Stock des Selmi-Hochhauses über Frankfurt herrlich war. Der nächste *Zufall* war, dass ich auf meiner ersten Demo den Freund meines Ex-Verlobten traf. Dieser Wilhelmshavener Peter schickte mich zu dem Wilhelmshavener Peter, mit dem ich fast 44 Jahre bis zu seinem Übergang in die geistige Welt zusammenlebte. Die sogenannten Zufälle mehren sich. Denn der erste Peter, Dr. Heinz Peter Gerhardt, pensionierter Professor für Freire-Pädagogik, wohnt auch in der Algarve. Er hatte mir kürzlich gesagt, ich solle doch wie er reisen und Vorträge halten. Ich sagte, da würde ich ja völlig vom Fleisch fallen. Vor lauter Lampenfieber käme ich gar nicht mehr runter vom Klo. Er meinte dazu nur, ach, das Problem haben wir doch alle. Dieses Gespräch geht mir nun schon eine Weile durch den Kopf. Vielleicht werde ich doch noch über meinen Schatten springen, da ich annehme, dass es auch schon wieder seine Aufgabe war, mich anzustupsen."

VII. NACHTODERFAHRUNGEN

Nachtodkommunikation mit Verstorbenen

Unter den zahlreichen Studien, die über Nachtoderfahrungen durchgeführt wurden, ragt die von Judy und Bill Guggenheim heraus. In ihrem Buch *Trost aus dem Jenseits, unerwartete Begegnungen mit Verstorbenen*, schilderten die Befragten, mittlerweile etwa 2000, eindrücklich ihre unvergessliche Nachtodkommunikation mit ihren Lieben im Jenseits. Rund die Hälfte aller Verwitweten erleben dieses Phänomen, dass sich augenblicklich ein Gefühl von Anwesenheit der Verstorbenen einstellt. Ich hatte es trotz des Schocks bei meinem Mann gleich, nachdem ich den Leichenaufbewahrungsraum des Krankenhauses verlassen hatte, verbunden mit einer Gedankenübertragung, dass alles zu unserem beiden Besten sei und Peter mir helfen würde. Eine spontane Nachtoderfahrung hatte ich auch kurz nachdem mein Vater seine leibliche Hülle ablegte. Wir hatten Freunde zum Kartenspiel eingeladen. Mein Erzeuger liebte das Kartenspiel. Ich hatte, als wir uns an den Tisch setzten, aus dem Nichts heraus das Gefühl einer beglückenden Nähe. Ich spürte eine tiefe Liebe und Wärme. Aber meine erfreulichsten Nachtoderlebnisse hatte ich mit meinem Mann am 6. und 11. Tag posthum. Zuerst nahm Peter mich an die Hand und führte mich in seiner neuen Umgebung herum. Es sah so aus, wie in Marokko, wo wir ja auch sein wollten. Dazu muss erwähnt werden, dass es die 60. Siddhi erlaubt, nicht nur durch die Zeit, sondern auch durch den Raum reisen zu können. Es hat sich bei mir bisher nur spontan ereignet, dass ich meinen Körper verlassen hatte. Ich habe aber schon Menschen getroffen, die auch bewusst nach einer Meditation ihren Körper verließen und Verwandte oder Freunde aufsuchten und ihnen hinterher am Telefon sagten, was sie beobachtet hatten. (Familien Code S. 142)

Das zweite Mal kam Peter zu mir ins Schlafzimmer. Ich wachte von einem Geräusch auf und wollte - wohl genetisch bedingt durch das Vorleben als Legionär - nach dem Messer auf dem Nachttisch greifen, als ich Peter am Bettende sah. Er hatte den von mir selbstgestrickten grauen Pullover an und sah etwas jünger aus, als beim ersten Mal. Er strahlte und ich flog ihm in die Arme. Als er wieder weg war, fühlte ich noch eine Weile die samtige Wolle an den Händen. Und jedes Mal nach so einer Erfahrung fühle ich mich manchmal tagelang gelassen und von innerem Frieden und Freude durchdrungen.

Auch am 6.6.2011, es wäre der 87. Geburtstag meiner Mutter gewesen, wachte ich auf und hörte meine am 1.1.11 verstorbene Mutter in ihrem glockenhellen Sopran sagen: *Dass ma des net vergesse.* Ich spürte sie über meiner Schulter an der Wange. Am Tag zuvor hatte ich zu meiner Schwägerin gesagt, auf dem Rückweg vom Zahnarzt werde ich Ännchen besuchen. Ich war auch wirklich bei der Freundin meiner Mutter vorbeigekommen und sie hatte sich riesig gefreut, als ich ihr das Erlebnis mitteilte.

In Kapitel *Anteilnahme abgeschiedener Lieben* habe ich ja bereits über den Nachtod-kontakt mit meiner Oma berichtet, die ich am Computer sitzend plötzlich am Geruch wahrgenommen hatte. Meine Cousine Karin sah sogar ihren Hans-Hermann bei seiner Beerdigung an einem Baum lehnend stehen. Er spukte noch ein Jahr lang als Polter-geist in ihrem Haus herum. Auch wenn Karin Gäste hatte, rasselte plötzlich der Schlüs-sel, danach hörte man Schritte auf der Treppe und der Geruch seines Eau de Toilette hing in der Luft.

Meine Mutter sah meinen Vater, als sie in der Badewanne lag. Er zeigte sich ihr ganz in Weiß. Auch die Fußsohle war weiß. Die Farbe weiß steht für Unschuld, Reinheit und Vervollkommnung. Ich deutete dies so, dass alle Taten meines Vaters im fleischli-chen Leben nach jenseitigen Maßstäben rechtens waren.

Die meisten persönlichen Geisterlebnisse hatte ich am PC, da ich ja auch die meiste Zeit daran verbringe und beim Schreiben ganz entspannt bin. Besonders viele Kontakte hatte ich mit meinem Mann, wie Sie in „Über den Tod hinaus" lesen können. Auch hat-te ich einen Nachtodkontakt mit meiner Schwiegermutter, ohne Kenntnis von ihrer To-desnachricht gehabt zu haben. Darüber habe ich in meinem Buch *Familien Code* auf S. 101 ff. berichtet.

Gerade hatte ich wieder so einen ganz besonderen Glücksmoment. Ich setzte am Morgen Wasser im Kessel auf. Da ich es 5 Minuten kochen lassen wollte, schaltete ich es auf 1 herunter. Und wie schon öfter, vergaß ich, dass der Kessel noch unter Dampf stand, zumal noch der Suppentopf die Sicht auf die Flamme versperrte. Ich wollte mei-nen Becher mit dem Wasser füllen, das aber in einem gewaltigen Schwall über meine linke Hand brodelte. Starke Schmerzen erwartend, wunderte ich mich indessen, dass es sich gar nicht heiß anfühlte. Die Hand war kein bisschen verbrannt! So ähnlich, wie da-mals beim Feuerlauf im kalifornischen Venice, als es mir vorkam, ich würde über Holzkohle frisch aus der Tüte laufen. Die Temperatur war neutral! Meine Hand wurde weder rot noch verspürte ich den geringsten Schmerz. Ich staune immer wieder über die Möglichkeiten, die der geistigen Welt zur Verfügung stehen, um uns zu helfen und bin immer äußerst dankbar für die Schutzengel-Dienste. Ich denke, dass es mein Mann war, denn er wusste ja, dass ich im Haushalt schon einiges erleiden musste. Ich habe mich schon öfters auf diese Weise verbrannt. Aufgrund meiner Schusseligkeit ließ er mich auch nie mit der Baumsäge hantieren. Immer, wenn ich ihn darum bat, es mir beizubringen, erinnerte er mich an die Brotmaschine, an der ich mir mal die

Fingerkuppe abschnitt. Jedenfalls hat mir dieser morgendliche Glücksmoment den ganzen Tag versüßt. Es macht mich glücklich, trotz meiner Einsamkeit nicht wirklich allein zu sein. Aber erst durch die Informationen meiner Genschlüssel wurde mir klar, warum ich mich an frühere Leben erinnere und mit der geistigen Welt in Kontakt stehe. Es steckt in meinen Genen! Darin steckt auch, dass ich als eine Art lehrender Handelsvertreter agiere. Dabei will ich mit jedem neuen Buch meinen LeserInnen helfen, sich selbst zu erkennen, um ihr Potenzial voll auszuschöpfen zu können. Wir alle sind mit bestimmten Talenten und Aufgaben geboren worden, und es ist das größte Glück, wenn wir diese unsere Bestimmung erkennen können.

Wenn wir uns nur alle führen ließen und dankbar alles annähmen und unseren Gaben gemäß agierten, könnten wir viel zufriedener und mehr in Frieden leben.

Nachwirkungen der Nachtodkontakte

Im Augenblick des Sterbens kann ein Mensch Kontakt mit seinen Angehörigen aufnehmen. Oft wissen Letztere noch gar nichts vom Ableben der geliebten Person. Der Berliner Sterbeforscher Bernard Jakoby sagt: "Es gibt unzählige Berichte darüber, dass der Augenblick des Todes identisch ist mit dem Erleben der Gegenwart oder Erscheinung eines Verstorbenen". Gewöhnlich werden die Sterbenden schon Tage oder Wochen zuvor meist von verstorbenen Freunden oder Verwandten vorbereitet und begleitet. Aber die wenigsten teilen sich ihren Angehörigen mit. Mein Vater wusste es auch, sonst hätte er seinen 1998er Ordner nicht beschriftet mit: bis Ende Sept. 98. Am 1. Oktober war sein Sterbedatum. Bei meinem Mann war es wohl sein Freund Bolko Seifert, der ihn vorbereitete. Er war im selben Kreißsaal 20 Minuten vor Peter geboren und vor mehr als 6 Jahren beim Gassigehen mit seinem Parson Russell verstorben. Kurz bevor Peter starb, saß ich mit ihm nach Mitternacht vorm Fernseher, sonst gehe ich meist um 22 Uhr zu Bett. Plötzlich sagte Peter, schau mal! Das TV zeigte Grieß mit grauen Buchstaben. Einer Intuition folgend, sagte ich, das sieht ja aus wie eine Geisterbotschaft. Vielleicht will Bolko uns etwas sagen. Die bedrückende Stille danach machte mir zumindest nach Peters Tod klar, dass er Bescheid wusste. Sonst hatte er oft lachend abwehrende Bemerkungen über meine übersinnlichen Erfahrungen gemacht. Dieses Mal sagte er gar nichts und zappte weiter. Aber als ich in der Leichenhalle des Krankenhauses Peter so friedlich ruhend liegen sah, dachte ich, genau, wie du es wolltest und dann das intensive Gefühl – offenbar eine Gedankenübertragung – dass alles gut ist.

Verstorbene sind zwar von der irdischen Last befreit, was man gleich nach dem Ableben an dem entspannten Gesichtsausdruck erkennen kann, aber sie machen sich oft

Sorgen um ihre geliebten Hinterbliebenen. Deshalb zeigen sie sich im Traum oder kontaktieren ihre Lieben via Radio, Telefon, PC, aber auch real. Sie wollen ihnen damit zeigen, dass es ihnen gut geht, sie noch da sind, wenn auch in einer anderen Dimension und ihnen helfen, Dinge zu bereinigen oder sich mit ihnen versöhnen wollen. Manchmal fühle ich mich beim Aufstehen beobachtet. Für mich ist das ein klares Zeichen, dass Peter mir zeigt, dass er noch da ist und ich mich geliebt und in Sicherheit fühlen soll. Oft fühle ich dabei Liebe, inneren Frieden und eine unbeschreibliche Leichtigkeit.

Auch bei großen Ereignissen und Festen sind viele unserer Lieben im Jenseits anwesend. Sie wollen daran teilhaben und sich mit uns freuen. Über das Band der Liebe sind sie immer mit uns verbunden.

Bei meiner mütterlichen Freundin Hilde, deren Mann als Jet-Ingenieur mit Wernher von Braun in die USA kam und den sie 8 Jahre lang mit Alzheimer gepflegt hatte, war es so: Heinz kam oft zu ihr ans Bett und sprach mit ihr. Allerdings nur so lange, wie Hilde allein war. Als sie mit fast 70 noch den Schauspieler John Hudson heiratete, zeigte sich Heinz nicht mehr (Meyer 2016). Die Verstorbenen wollen Trost spenden. Dennoch finden viele Nachtodkontakte auch erst Jahre oder Jahrzehnte nach dem Tod statt, wenn die Hinterbliebenen nicht mehr trauern. Mich kontaktierte Peter schon 6 Tage nach seinem Hinübergehen.

Als Konsequenz von Kontakterlebnissen können Hinterbliebene etwa durch Hinweise versteckte Wertsachen finden, von denen sie nichts wussten. Mir wurde über Tarot-Karten in Verbindung mit einem AM/FM Frequenz-Abtast-Radio (PSB7 ITC Research Device), das mir eine Freundin schenkte, vermittelt, wo ich eine Akte suchen soll, die ich dann auch finden konnte. Auch können Botschaften in Nachtodkontakten die Betroffenen mitunter schützen oder vor Suizid bzw. vor nicht erkannten Krankheiten, Unfällen oder Verbrechen warnen.

Ich finde es wohltuend, dass wir heute auch in Europa mehr über diese Kontakte mit Verstorbenen offen sprechen können, ohne gleich schief angeschaut zu werden. Das war in den 1980ern noch ganz anders. Da lebten wir schon in Kalifornien, wo fast jeder über solche Phänomene Bescheid wusste, da eine Tante oder ein Freund schon Nachtodkontakte hatten. Wenn ich dann mal nach Deutschland flog und mich z. B. über meine vergangenen Leben austauschen wollte, war ich sehr enttäuscht über die rollenden Augen oder das selbstgefällige Lächeln. Dabei wäre es für alle gut, die Schatten der Vergangenheit zu bearbeiten. Bei Rückführungen in vergangene Leben erinnern wir uns generell an wenig erfreuliche Existenzen. Denn heitere, konfliktlose und geruhsame, glückliche Situationen bedürfen keiner Bearbeitung bzw. Bewältigung.

Auch die Wasserkristallfotos sind für mich eindeutige Nachtodkontakte. Was sollen sie denn sonst sein, bitte schön? Ziehen wir doch nur einmal die Prophezeiungen von Peters Wasserkristallfotos in Betracht: Hund, Birne, Facebook … oder das WKF mit der Karikatur von Doris Day! Ich hatte Peter seinerzeit ziemlich genervt durch die Beschäftigung mit meiner Verwandten. Müsste es nicht einleuchten, dass es sich bei dieser spiritistischen Aufnahmetechnik nicht nur, wie ihr Entdecker Masaru Emoto und sein Nachfolger Ernst Braun vorgeben, um Kunst handelt? Müsste ganz im Gegenteil der Wasserkristallfotografie eben nicht doch ein wissenschaftlicher Anspruch zugestanden werden? Sie ist doch nichts anderes als das, womit sich die Parapsychologie beschäftigt, nämlich mit okkulten Phänomenen, die sich wissenschaftlich zunächst nicht erklären lassen. Meine Erklärung für die Wasserkristall-Bilder ist, dass es sich um Nachtodkontakte handelt. Unsere Lieben im Jenseits wollen uns mitteilen, dass sie auf einer anderen Ebene des Seins noch aktiv sind. Sie wollen uns helfen, uns warnen oder einfach nur noch für uns da sein. Und, um noch einmal auf die so oft gehörte Bemerkung, die Toten ruhen zu lassen, einzugehen: Es sind die Toten selbst, die den Kontakt herstellen, oft sogar noch bevor die Hinterbliebenen vom Übergang ihrer Lieben erfahren hatten. Dies wurde in zahlreichen Nachtod-Kommunikationsstudien mehrere Zigtausend Male nachgewiesen. Meine Nachtoderfahrung vom 18.4. mit Mia war ganz speziell. Peter holte seine geliebte Hündin am 14.4.2018 zu sich - ebenfalls Quersumme 11. Vier Tage danach, um Mitternacht, ich konnte nicht schlafen, hörte ich plötzlich Mia durch das offene Fenster. Es war eindeutig ihr typischer Murmel-Jammerton, wenn sie etwas will. Ich ging ans Fenster, sah aber nichts und schloss es. Eine halbe Minute später heulte Tobi. Ich eilte zur Tür und rief nach ihm. Er kam sofort. Obwohl er sonst lieber draußen bleibt, schlief er die ganze restliche Nacht auf dem Teppich am Fußende meines Bettes und hält sich seither meist im Haus auf. Mia wollte mir offenbar mitteilen, dass ihr treuer Artgenosse leidet und ich ihn trösten soll. Ich denke, dass ich ihm einen kleinen Freund aus dem Tierheim hole. Es war immer so lustig, wenn Mia und Tobi miteinander tollten.

Schlussbemerkung und Danksagungen

Dass wir, nachdem wir unsere leibliche Hülle hinter uns gelassen haben, auf einer höherfrequenten Ebene des Seins weiterexistieren, steht für mich fest. Ich habe regen Kontakt zu dieser anderen Welt. Warum das so ist, habe ich, wie gesagt, im Buch „Die 64 Genschlüssel" entdeckt. Dass die Künstlerseelen mit uns via Wasser kommunizieren, steht für mich auch außer Zweifel. Ob Sie das nach der Lektüre und vor allem nach dem Betrachten der Wasserkristallfotos ebenso sehen, weiß ich nicht. Ich hoffe aber, dass die Deutung der WKF keine allzu große Verwirrung bei Ihnen ausgelöst hat. Ich frage mich allerdings, was unsere Lieben im Jenseits mit ihren Kommunikationsbemühungen erreichen wollen. War das schon immer so oder hängt es mit der kritischen Phase der Menschheit zusammen? Vielleicht sind diese außergewöhnlichen Entdeckungen, wie die Wasserkristallfotografie und die Genschlüssel, als Weckruf gedacht. Ich könnte mir denken, dass uns die Kristallbilder bewusst machen sollen, dass es etwas jenseits von Materialismus, Gier, Sucht und Hass gibt. Dass unsere Gesellschaft sich davon lösen muss. Die WKF zeigen ja auch unsere dunklen Seiten. Ich denke, wenn wir unsere Schatten akzeptieren und transformieren, können wir durch ein tiefes inneres Verstehen einen Wandel zu mehr Toleranz und Nächstenliebe erreichen. Als Einzelne und als Gesellschaft, z. B., wie es bereits geschieht, wenn Schulen Holocaust-Überlebende einladen, damit sie über die Schrecken des Naziterrors berichten. So wäre es auch heilsam, wenn US-Amerikaner mehr durch Filme wie etwa der Dokumentarfilm „National Bird" von Sonia Kennebeck aufgerüttelt werden. Darin berichten drei Kriegsveteranen aus dem Drohnenprogramm der US Air Force. Ihre Mitschuld am Töten Unbekannter und wohl Unschuldiger an fernen Kriegsschauplätzen lässt die Whistleblower nicht zur Ruhe kommen.

https://www.youtube.com/watch?v=JtU-B4XD1JA

Auch in Schulen wäre es heilsam, wenn Veteranen erzählten, warum sie als gebrochene Männer und Frauen aus Kriegsgebieten zurückkehren. Wenn die US-Bürger wüssten, welche Befehle ihre Ehemänner, Väter, Brüder und Freunde bekommen und welche ausgeübten Grausamkeiten ihre Lieben in schwerste Seelenkonflikte stürzen, könnten sie ihnen eher helfen, ihre Schuld- und Schamgefühle zu verarbeiten. Mir wurde das erst kürzlich durch die Unterhaltung mit einer Freundin bewusst, wie schlimm die in Vietnam kämpfenden Soldaten gelitten haben müssen. Sie erzählte mir von einem schwer depressiven Bekannten, der seinem Bruder anvertraute, wie sie die Kinder mit Schokolade in die Dörfer lockten, um sie dann ganz einfach abzuknallen. Sigrid war übrigens auch Augenzeugin der Auswirkungen des Kriegsverbrechens gegen die Zivilbevölkerung Hamburgs durch die Alliierten. Sie hatte als Siebenjährige einige der rund 40.000 durch Phosphorbomben geschrumpften Körper mit eigenen Augen gesehen.

Würden Soldaten, die unter seelischen Konflikten leiden, in Schulen gehen, um die Schüler tränenreich über ihre Gefühle beim Befolgen von solch abscheulichen Kriegsbefehlen zu informieren, könnte das sehr heilsam für sie sein und die Friedensarbeit forcieren. Akzeptieren wir besser unsere Schatten, wachen wir auf und machen uns bewusst, wer wir sind, woher wir kommen und wohin wir gehen. Dann erkennen wir auch, wie lebenswichtig es ist, die notwendige Schonung der Ressourcen endlich ernst zu nehmen. Die Erde ist nun mal kein Selbstbedienungsladen. Der Klimaschutz gehört auf die politische Agenda und ALLE müssen am Globalisierungsgewinn teilhaben können. Es geht darum, soziales Ungleichgewicht auszugleichen. Denn, so wie im Körper ein übersäuertes Milieu der ideale Nährboden für das Gedeihen von Viren und Krebs ist, führt auch der aus der Balance geratene pH-Wert der Welt zu Konflikten. Soziale Ungerechtigkeit führt immer zu Dysbalance, oft zu Krawall, Korruption und Krieg.

Ebenso wird es künftig notwendig sein, die Kunst und die Metaphysik mit der Wissenschaft zu vereinen. Ob Schneeglöckchen, Heidschnucke oder Homo sapiens: Alle Lebewesen sind von Lichtenergie beseelt. Wie wir Menschen diese Kraft erkennen und damit umgehen ist entscheidend. Suchende Menschen stecken in der Zwickmühle, da die Kirche einiges verschweigt und Wissenschaftler es vermeiden, die Seele nachzuweisen. Einzelne, wie die anerkannten Psychiater Elisabeth Kübler-Ross und Raymond A. Moody, zählen zu den rühmlichen Ausnahmen. Doch mehrheitlich versäumte es die Wissenschaft, ihr Untersuchungsfeld in den spirituellen Bereich zu verlagern. Der Mensch soll glauben, dass an der Wurzel des Seins gar kein Sein existiert, selbst wenn er der Seele ständig begegnet. Wir spüren doch die Liebe, die treibende Kraft fürs Dasein. Über unser Empfinden generieren wir Freude am Leben. In unserem Inneren erahnen wir, dass alles Lebendige beseelt ist. Wenn wir uns in die Wasserkristallfotos vertiefen, können wir dies erkennen. Viele haben die eigene schöpferische Kraft schon getestet. Andere verzichten aufs Deuten, Denken und Visualisieren. Sie folgen den Botschaften aus dem Unbewussten und lassen sich lenken. Wir haben die Wahl.

Ich würde mich freuen, wenn Sie von den Wasserkristallfotos inspiriert wurden. Falls Sie selbst mit Seelensternen oder Seelenformung experimentieren wollen, wäre ich für Ihre Erfahrungen per E-Mail dankbar: drmariannemeyer @ gmail.com

Danke für Ihr Vertrauen! Nun bleibt zu wünschen, mehr Menschen mögen es als ihre Aufgabe betrachten, unsere hoch technisierte und vernetzte Welt des Umbruchs menschlicher zu gestalten. Froh wäre ich, wenn es mir gelungen wäre, Ihnen zu vermitteln, dass wir den Tod nicht fürchten müssen. Mittels Wassermalerei, Elektrizität, automatischem Schreiben, Telepathie usw. scheinen wir nach dem Verlassen des Fleisches noch auf uns aufmerksam machen und mitmischen zu können: ohne die Strapazen eines wehleidigen Leibes.

Als erstes danke ich meinem geliebten seligen Mann, Claus-Peter Meyer, der am 11.2.2017 von diesem Leben in ein anderes hinübergegangen war. Des Weiteren danke ich dem dito seligen Bolko Seifert, der im selben Kreißsaal wie Peter, nur 20 Minuten früher zur Welt kam, aber bereits im Juli 2012 wie mein Mann im Gehen zusammengebrochen war. Er, der zu Lebzeiten eines meiner Spirulina-Bücher korrigierte, hatte Isabel Bannier-Groß am 28.2.2017 das vorliegende Buch auf medialem Weg gezeigt und mich zum Schreiben desselben angeregt. Mein Dank geht auch an Isabel, die mich dank ihrer medialen Kräfte bereits am 11. Tag mit Peter kommunizieren ließ und mich seelisch und moralisch unterstützte. Auch danke ich Isabels seligem Vater, Peter Groß, der am 11.9.2017 meinem Mann ins Jenseits folgte. Er hatte mir im richtigen Moment die Wasserkristallfotos von seinem Leitungswasser vor und nach dem Aktivieren gemailt, die mich zu Ernst F. Braun führten. Dank auch dem intuitiven Schweizer und seiner ebenso begabten Tochter Sarah Steinmann, die mir die *Seelensterne* vom Himmel holten. Durch die Arbeit der beiden Wasserkünstler wurde mir das bildhaft vermittelt, was ich schon lange aus Erfahrung wusste: Die geistige Welt ist ständig bemüht, uns zu unterstützen und sich uns mitzuteilen. DANKE!

Ich wurde offenbar für dieses wenig fassbare Wissensgebiet ausgewählt aufgrund meiner metaphysischen Erfahrungen. Mütterlicherseits hat sich das Zweite Gesicht durch alle Generationen gezeigt. Somit war bei mir mit weniger den Forschertrieb blockierenden Zweifeln zu rechnen. Dank meinen Verwandten und Freunden im Diesseits und Jenseits. Ich danke auch Dr. Kaiser-Alexnat, Daniel, Evelyn und Elisabeth Fleischer: Letztere zeigte mir das Ergebnis eines merkwürdigen Nachtodkontakts. Sie habe während der Trennung von ihrem treulosen Ehemann das Gefühl gehabt, ein Geist sei im Haus: seltsame Geräusche. Die dicke Glasschale, das Geschenk einer Freundin mit gleichem Schicksal, zersprang ohne Zutun auf dem Sideboard. Eine Bekannte fragte, wer zuvor in diesem Haus gelebt habe und wie diese Person gestorben sei? Die Vorbesitzerin des Hauses war in der Tat von ihrem Mann, einem Offenbacher Lederfabrikanten, betrogen worden und hatte sich vergiftet. Dies ein weiterer Nachweis, dass wir nach dem Verlassen des Körpers weiter existieren. Und am 16.2.18 erfuhr ich ganz nebenbei von einem Monteur, der meinen Heißwasserboiler reparierte, einen weiteren Nachtodkontakt. Ich hatte ihm das Cover von *Beyond Death* mit Peters Foto gezeigt und gesagt: "Sie kannten ihn vielleicht. Er war oft in Ihrem Laden." Er sagte: „Ja, in der Tat, wegen der Kappe, sie hatte mich immer an meine erinnert. Ich habe nämlich bei der Marine gedient. Denken Sie denn, dass Ihr Mann noch bei Ihnen ist?" Ja, sagte ich und erzählte ihm von dem eindeutigen Beweis, als er der mich aus der Hannoveranischen Gegend anrufenden Isabel auf medialem Weg zeigte, wie ich etwas malte. Dabei sah sie die Farben blau und gelb und beschrieb mir genau die Kleidung, die ich an hatte. Tatsächlich hatte ich mit dem Pinsel an der blaugelb gefliesten Zisterne drei

Tage zuvor einige Verschönerungen durchgeführt. Niemand konnte davon wissen. Der Techniker, Dank auch ihm, berichtete nun von der Freundin seiner Frau, deren Mann gestorben war. Er hatte eine Versicherung abgeschlossen, aber seine Frau wusste es gar nicht. Ihr seliger Mann konnte ihr aber posthum mitteilen, wo er die Versicherungspolice aufbewahrt hatte.

Mein Dank geht auch an andere Bekannte und Freunde, die mir ihre visuellen und auditiven Erlebnisse mit ihren Lieben auf der anderen Seite und andere übersinnliche Wahrnehmungen mitteilten. Mit ihren Erkenntnissen könnten wir ein weiteres Buch füllen. Sie zeugen davon, dass wir alle unsere medialen Möglichkeiten nutzen könnten. Dabei fällt mir ein, Anneliese Umbreit zu danken für die übersinnliche Erfahrung beim Übernachten in ihrem Haus. Es war die Nacht vor der Beerdigung ihres Lebensgefährten Erich. Ich hatte mich seit Stunden vergeblich bemüht einzuschlafen. Plötzlich hörte ich das Wasser rauschen. Ich dachte: Wieso duscht sie denn mitten in der Nacht? Es wollte gar nicht wieder aufhören. Merkwürdig, wo Anneliese sonst so sparsam ist. Am nächsten Morgen sagte die von mir Angesprochene: Das war ich nicht. Das kann nur Erich gewesen sein. Der hat immer so viel geduscht.

Ich könnte Ihnen noch mehr selbst erfahrene Spukgeschichten erzählen. Aber die meisten finden Sie ja in meinem autobiografischen Roman *Familien-Code*. Vielleicht wollen Sie mir Ihre mitteilen und im nächsten Buch veröffentlichen. Eine Leserin aus Reutlingen hat mir schon einen 7-seitigen Brief über Ihre Erfahrungen mit ihren Lieben im Jenseits, besonders mit ihrer Jugendliebe geschrieben. Ich habe mich sehr darüber gefreut. Vor allem über diesen Absatz: „Im Jahr 2014 ging ich zu einem renommierten Medium, da ich Bedenken hatte, ob ich ihn zu sehr an mich binde und er woanders sein sollte. Doch er gab mir zur Antwort dass ich mir keine Sorgen machen muss, es alles in Ordnung wäre und es sein freier Wille sei, er diesen Weg gewählt hätte, damit wir so für immer zusammen sein können." So sehe ich das mit Peter auch. Die Jugendliebe von Frau R. scheint sich noch viel öfter als Peter bemerkbar zu machen. Also, wie gesagt, ich brenne auf Ihre Erfahrungen. Es wird Zeit, dass wir uns auch in Deutschland hinsichtlich von so etwas Normalem wie Nachtodkontakten mehr öffnen. Und nichts ist sinnvoller und beweiskräftiger als die eigenen Erfahrungen. Einstein sah das auch so. In diesem Zusammenhang danke ich allen geistigen Helfern für ihre Wasserkunst und für die sachdienlichen und ermunternden Manipulationen am PC! Ob Jochen Gestering, die Dembinskis oder ET die Maler der WKF sind, weiß ich nicht. Jochen könnte es schon deswegen sein, weil ich mit ihm nach dem Tod von Nora über Metaphysisches gesprochen habe. Und sein Sohn hat ja mit *German Pessimism and Indian Philosophy: A Hermeneutic Reading* seine Dissertation diesem Thema gewidmet.

Wir bleiben am besten für alles offen und neugierig. Wenn wir bereit sind, Neues zu erforschen, bieten wir auch den „Toten" Möglichkeiten, uns zu kontaktieren: via Radio, TV, PC, Telefon und medialer Menschen. Oder wir empfangen Signale über Sehen, Hören, Riechen, Schmecken, die Leitfähigkeit, über Knochen und Gewebe.

Ich wünsche Ihnen, verehrte LeserInnen, dass sie Ihre Träume verwirklichen und wir alle unsere Wünsche wahr machen. Denn jetzt ist die Zeit für die Umsetzung von dem, was in uns lebendig ist. Das stärkste und edelste Motiv naturwissenschaftlicher Forschung, das tiefste und erhabenste Gefühl, dessen wir fähig sind, ist das Erlebnis des Mystischen. Wem dieses Gefühl fremd ist, wer sich nicht mehr wundern und in Ehrfurcht verlieren kann, der ist seelisch bereits tot. Das Wissen darum, dass das Unerforschliche wirklich existiert und dass es sich als höchste Wahrheit und strahlendste Schönheit offenbart, von denen wir nur eine dumpfe Ahnung haben können - dieses Wissen und diese Ahnung sind der Kern aller Religiosität.

Meine Religion besteht in der demütigen Anbetung eines
unendlichen geistigen Wesens höherer Natur,
das sich selbst in den kleinen Einzelheiten kundgibt,
die wir mit unseren schwachen und unzulänglichen Sinnen
wahrzunehmen vermögen.
Diese tiefe gefühlsmäßige Überzeugung von der
Existenz einer höheren Denkkraft,
die sich im unerforschlichen Weltall manifestiert,
bildet den Inhalt meiner Gottesvorstellung.

(Albert Einstein)

Leonardo da Vinci würde dem wohl zugestimmt und sich auch über Goethes Eingangsgedicht gefreut haben. Gern erwähne ich am Ende den großen Meister der wahren Wissenschaft und Künste. Schon im 15. Jahrhundert ahnte er, dass im Wasser eine wunderbare neue Welt verborgen sein könnte, die wohl erst in kommenden Jahrhunderten entdeckt würde. Für ihn glichen gefrorene Fensterscheiben lebenden Blättern, Blumen und Gräsern: als ob die Natur in der Welt der Eiskristalle prophetische Träume des Pflanzenlebens hatte. Vor 500 Jahren sah Leonardo da Vinci noch keine Möglichkeit, ein solches Phänomen durch den Verstand zu erklären. Seine Vermutung war, dass es neben der Anziehungskraft des geriebenen Bernsteins und des Magnets noch andere dem Menschen unbekannte Energien gibt (Merejcovski 1938). Wie recht er hatte!

Literatur

Braun, Ernst F.: Wasserkristalle. Zauberwelt aus gefrorenen Wassertropfen. AT-Verlag 2004

Dutschk, Otto, Die Energie der Seele. Bergisch-Gladbach 1999

Emoto, Masaru: The Message of Water. Die Antwort des Wassers, Burgrain 2002

Einstein, Albert: Autobiographisches. P. A. Schilpp (Hrsg.), Chicago 1979

Faulstich, Joachim, Das heilende Bewusstsein. München 2006, S. 59 ff

Jürgenson, Friedrich: Sprechfunk mit Verstorbenen. Praktische
    Kontaktherstellung mit dem Jenseits. München, 7. Aufl. 9/92

Merejcovski, Mitri, The Romance of Leonardo Da Vinci, New York 1938

Meyer, Marianne E.: Wunderwesen Wasser. Norderstedt 2002
    Familien-Code, Norderstedt 2016
    Über den Tod hinaus. Wie mein Mann mir aus dem Jenseits bewies, dass es nach dem
    Tod weitergeht, Norderstedt 2017

Netherton, Morris, Shiffrin, Nancy: Bericht vom Leben vor dem Leben. Schirner 2005

Rudd, Richard: Der goldene Pfad: Eine Reise zur Selbsterleuchtung durch die Gen-
    schlüssel. Jim-Humble-Verlag 2018
    Die 64 Genschlüssel: Das Öffnen der verborgenen höheren Bestimmung in unserer
    DNA. Jim-Humble-Verlag 2015

Rýzl, Milan: Der Tod ist nicht das Ende. Von der Unsterblichkeit geistiger Energie.
    Augsburg 2005

Sheldrake, Rupert: Das schöpferische Universum. Berlin 1993

Shioya, Bobuo. Der Jungbrunnen des Dr. Shioya, 2. Aufl., Burgrain

Ter Riet, G. et al. Is Placebo analgesia mediated by endogenous opiods? A systematic
    review, Pain 1998, S. 76

Wolff, Hans Günter: Unsere Hunde - gesund durch Homöopathie: Heilfibel eines Tierarztes
    Stuttgart 2012.

Atelier für KUNST und Mystik
Ernst F. Braun & Sarah Steinmann
ernst_braun @ bluewin.ch
www.wasserkristall.ch

www.marianne-e-meyer.com
drmarianneemeyer @ gmail.com

In diesem fesselnden spirituellen Roman nehmen wir an Mariannes aufregendem Leben auf fünf Kontinenten teil. Dabei wird uns klar, dass wir alle miteinander verbunden sind und Familien seit Generationen ihr eigenes Wertesystem besitzen. Dieser Code der eigenen Regeln, Sprüche und Kommunikationsstile kommt auch zum Ausdruck, wenn die Familienangehörigen ohne sich zu kennen auf verschiedenen Kontinenten leben.

Das Buch stellt eine Brücke dar, die das Land der Lebenden und das Land der Toten verbindet. Es zeigt, dass es weder Schuld noch Zufall oder Glück gibt, sondern nur Ursache und Wirkung, die viele Jahrhunderte und Verkörperungen auseinanderliegen können. Glück, Pech und Zufall sind nur Begriffe für das noch nicht erkannte Gesetz. Und wer nicht lernt, der leidet. Das einzig Bleibende ist das die Welten Verbindende, der einzige Sinn des Lebens: die LIEBE.

Leserin: „Das Buch vermittelt glasklar gelebte Spiritualität und gehört in jeden Haushalt." Bei Amazon können die geneigten LeserInnen das Buch schon einmal Probelesen, aber für kosmische Pluspunkte bestellen sie es besser beim lokalen Buchhändler.

ISBN: 978-3738643510 208 S.17x22 cm €9,99

Das spannende Buch besticht durch seine klare Aussage über das Mysterium der Wandelbarkeit und Speicherfähigkeit des Wassers. Inge Schneider (Jupiter Verlag) fand in ihrer Buchbesprechung im NET-Journal die Erkenntnis der Autorin, dass das Wasser „Schnittstelle zwischen physischer und metaphysischer Realität" ist, als besonders ansprechend.

Der Leser findet verstörende Fakten über die Qualität handelsüblicher Wasser. Wer glaubt, sein Leitungswasser sei sauber, wird zum Nachdenken angeregt. M. Meyer rät zu adäquater Wasseraktivierung. Denn, wer belebtes, sauerstoffreiches und basisches Nass aus der Leitung erst mal schmecken darf, will kein Sprudel mehr aus Plastikflaschen trinken. Reines Wasser ist nach Ansicht der Autorin für alle Gesundheitsprobleme, vor allem wenn sie das Gehirn betreffen, die optimale Lösung.

Letztlich stellt Dr. Meyer Freie-Energie-Forscher und deren Technologien vor. Sie ruft auf, im Buch Onlinepetitionen zu unterzeichnen, damit Raumenergiestrom uns allen nützen kann. Lösen wir das Energieproblem, brauchen wir keine Ressourcenkriege mehr.

ISBN 978-3735785145 104 S. 17x22 € 9,90

Das fesselnde, teils farbig illustrierte Werk informiert spritzig und querlesefreundlich über die Mikroalge Spirulina, den blaugrünen Allrounder der Naturheilkunde.

Die Gesundheitsexpertin Halima Neuman würdigt dieses *vielversprechende Büchlein* als einen *wertvollen Beitrag für die Menschheit* und gratuliert der Autorin *zu dieser Eingebung und Manifestierung.* Sie will *es allen Familien mit Kids,* die sie kennt, *ans Herz legen.*

Kinder essen generell zu süß und zu fett. Auch bewegen sie sich viel zu wenig. Darunter leiden vor allem die Nerven. Die Kids sind unruhig, unaufmerksam und impulsiv. Sie brauchen aber kein Ritalin oder andere mitunter tödliche Modedrogen. Die nebenwirkungsfreie Spirulinaalge stoppt die Sucht nach Süßem und fördert das Verlangen nach Grünzeug. Sie sorgt für gute Laune und gesunden Schlaf, entschlackt, entgiftet und stärkt das Immunsystem. Sie wirkt gegen Akne, Allergie, Anämie, Asthma, Augenleiden, Autismus, Bulimie, Depression, Diabetes, Entzündungen, Grippe, Herpes, Immunschwäche, Krebs, Magen- und Darmleiden, Neurodermitis, Pilze u.v.a.m.

Der Rezeptteil ist so gestaltet, dass reformierte Naschkatzen und Zappelphilippe sich selbst köstliche Leckereien zaubern können

ISBN 978-3-73862-784-8 76 S. Großformat €7,99

Spannend bis zur letzten Seite informiert diese in Romanform gehaltene Lektüre über die Marokkoreisen der Autorin. Das großformatige Buch ist kein Reiseführer im herkömmlichen Sinne, sondern schildert das Leben der Wohnmobilisten, die in Marokko überwintern und Kontakt zu Einheimischen haben. Es macht Hoffnung und motiviert, ein gesundes, erfülltes Leben anzustreben. Doch Gesundheitstipps kommen meist nur von *medizinischen Wundern* auf zwei Beinen. Es gibt nämlich neben Spirulina noch andere Arten, sich von Blut- oder Lungenkrebs zu befreien. Auch ist das Überwintern in einem Land, in dem es weder fette Würste noch billiges Bier gibt, wie ein dreimonatiges Fasten. Da merkst du kaum wie du, von hinten durch die Brust ins Auge, gesundschrumpfst.

Leckere Rezepte finden Sie im hinteren Teil, weniger mit Spirulina, dafür eher *exotisch-hot.* Wenn Sie auf der Webseite www.marianne-e-meyer.com auf das Buch klicken, können Sie es Probelesen. Doch kosmische Vorteile können Sie nur erwarten, wenn Sie das spannende Buch beim Buchhändler bestellen. Sonst könnte es sein, dass es ihn bald nicht mehr gibt.

ISBN 978-3734788857 104 S. Großformat 7,99

Exkurs: Wo ist Maddie McCann?

Vor 11 Jahren teilte ich Sarah Steinmann mit, dass ich mir vom Gefühl her gewiss bin, dass Maddie McCann, die in der Nacht vom 3. Mai 2007 aus einer Ferienanlage des portugiesischen Ortes Praia da Luz verschwand, noch lebt. Frau Steinmann informierte das neutrale Wasser mit einem Foto des Kindes und der obigen Frage. Da ihr Vater Ernst Braun den Medienrummel scheute, erlaubte er mir nicht die Veröffentlichung der Wasserkristallfotos. Ich wollte aber helfen und sprach mit Herrn Thielke, einem Kriminalbeamten aus Frankfurt. Er riet mir, eine E-Mail an k45 @ pp-ffm 03.de zu senden, was ich tat. Später kontaktierte ich Oprah, Prinz Charles und die Kripo in der UK (operation.grange@met.police.uk). Nur vom Clarence House erhielt ich eine belanglose Antwort. Da nun der Media Hype abgeflaut ist, denke ich, dass dieses Kapitel keine große Beachtung finden wird, aber dennoch vielleicht helfen kann, Maddie zu finden.

Vor eineinhalb Jahren schrieb ich Kate McCann und legte ihr mein Buch Family Code bei. Zwar erhielt ich keine Antwort. Aber kurz danach stellte die Tory-Regierung zusätzliche Mittel zur Verfügung, da die Polizei eine neue Theorie untersuchte, nach der Maddie von einem Menschenhandelsring geschnappt wurde. Das war ja auch meine Interpretation, nachdem ich das Anwesen mit nierenförmigem Pool, Hubschrauber-Landeplatz und den das Mädchen bewachenden Frauen gesehen habe. Da nicht jeder die Gabe hat, die Fotos zu deuten, malte ich die WKF, zumal mir dabei mehr einfiel. Auf dem rechten könnten die Zahlen 2, 3 und 5 Hausnummern bedeuten, ein Golfplatz könnte angrenzen. An einem Tisch sitzen zwei Männer und eine Frau, links steht ein kleines Mädchen neben der Frau. Der Mann in schwarzem T-Shirt und beigefarbener

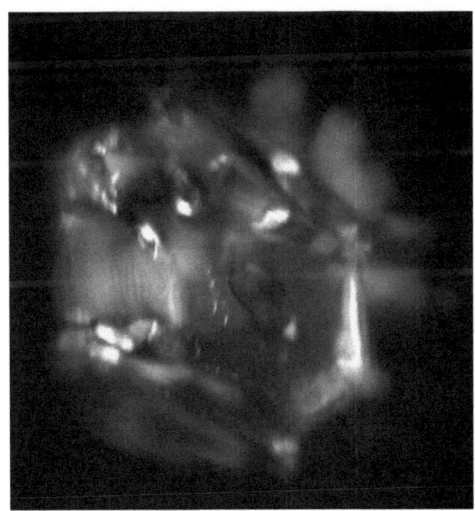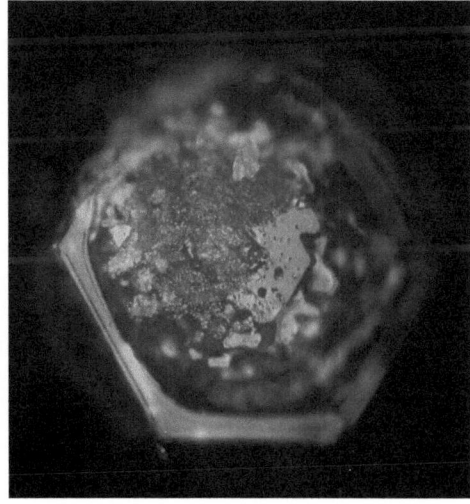

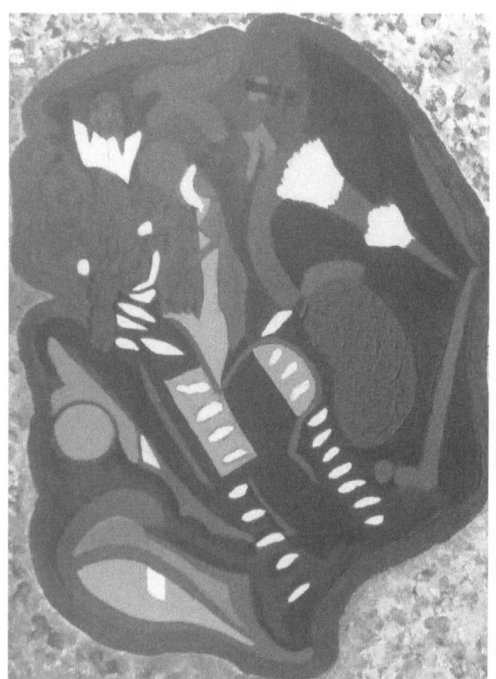

kurzer Hose hat helle, wenige Haare und spricht mit einem kräftigen jüngeren Mann in schwarzen Hosen, weißem Hemd und vollem schwarzem Haar (Bild re. oben: li. zwischen 2 und 3).

Auf einem weiteren Kristallfoto, das wie aus 5.000 m Höhe fotografiert schien, ist eine durch Felder gehende Straße, die zu einem großen Anwesen und ein paar kleineren Gebäuden führt.

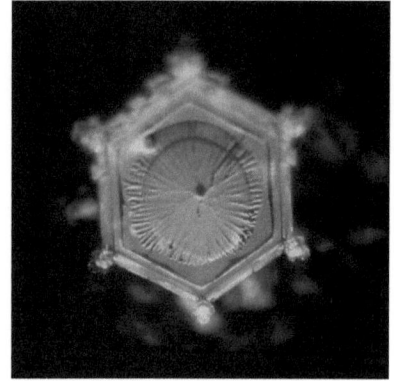

Es gibt noch mehrere solcher Luftaufnahmen und eins wohl vom Inneren eines Flugzeuges. Links noch ein WKF, das einer Uhr gleicht.

Ich vermute, dass Madeleine bald gefunden wird und sich zu einer normalen jungen Frau entwickeln kann. Ich habe beim Malen und Deuten der Fotos nie den Eindruck gehabt, dass Maddie leiden muss und hoffe nicht, dass es nur *wishful thinking* war.